課堂上的摩訶止觀

永本　著

參

—前言—

圓頓的力量

禪修，是現代人陶冶生活、淨化心靈的良方。但是，禪修的方法非常多樣性，不了解禪修過程的相狀，容易產生異端，造成知見偏頗而誤入邪途。止觀，是禪的文字相，透過止觀的修學，可以了解禪的境相、層次、體狀、作用等，故參禪打坐可以藉由止觀的內涵，直探禪定智慧的本源。

中國佛教八宗的特色可概括為「密富禪貧方便淨，唯識耐煩嘉祥空，傳統華嚴修身律，義理組織天台宗」。天台宗「教理」高度的組織化，除了精密分析和綜合佛陀一代時教，並昇華出「圓融三諦」、「一念三千」的教相理論，同時還均衡的闡述四種三昧與十境十乘的修證法則，開創出「教觀雙美、乘戒俱急」的新天地。智者大師的教學思想，是將教相門之教理組織與實踐之觀心門融合而成一個體系，此種性格最

鮮明的莫過於《摩訶止觀》，其宗教實踐的目的，則在究盡「諸法實相」。

《摩訶止觀》所教導之「行」，即宗教的實踐，稱為「止觀」。「止」即「心的平靜狀態，去除情念」的禪定行；「觀」即「正確的認識」。即在禪定的基礎下，詳細的觀察世間的真實相。智者大師站在此種立場，將止觀方法作一種大幅度的展開，建立其獨特的教學體系，即是這部《摩訶止觀》。此書將「止觀」作為禪定的行法，整理出一種有系統的修行體系。這個體系從菩提心（堅固的意志）開始，預備的前行（二十五方便），從而導入「正修行」之實修，故又稱為「圓頓止觀」。而其實踐重點，可以用九個字來說明，即：菩提心、方便行、正修行。

菩提心、方便行

天台教學要得知「諸法實相」，為達成此目標的宗教實踐，則是「正修行」的修習。所以，第一步即是「菩提心的發起」，若不具備菩提心，佛道便無法展開。

但「菩提心」是什麼？書中，有多方面的論及。

僅有菩提心，也不能作為正修行的基本條件。為了追求菩提，更要對生活環境、生活方式、心的把握方法等等，作為接近佛道生活方式之確立，此即「二十五方便」。「二十五方便」並不是一種嚴格的規律，而是一種生活心得。

二十五方便的第一「具五緣」，是對於修道生活方式的敘述（持戒清淨、衣食具足、閒居靜處、息諸緣務等）。第二「呵五欲」，是對感官生活所現起的內心動搖的克服，使心不被物所拘。第三「棄五蓋」（貪欲蓋、瞋恚蓋、睡眠蓋、掉悔蓋、疑蓋），這是去除日常生活中的煩惱。第四「調五事」，調和飲食、睡眠、呼吸，以保持健康的身心。第五「行五法」，是為了追求菩提的自我要求。

如果依循上述生活方式，即是完全投入菩提的追求了。

正修行

《摩訶止觀》究極的教學目標，是要了知諸法實相，其中不可欠缺的宗教實踐就是「正修行」。將心制於一處（止），把對象以如實的態度來照見（觀）。但是將所觀察的「諸法」與能觀察的「止觀」之關係加以整理，就成為一種新的教學體系，即智者大師所立的「十乘觀、十境」。

一切諸法的觀察

為了究盡諸法實相，智者大師將「諸法」分類為「十境」，明確的指出「行」的修習方向。此十境為「陰入界境、煩惱境、病患境、業相境、魔事境、禪定境、諸見境、增上慢境、二乘境、菩薩境」，其中「陰入界境」特別受重視，其餘的九境是將我們眾生現有被煩惱支配的心，依據其特徵而整理出來。當我們深入觀察陰入界境，遇到止觀不調時，才要觀察這九境，並不是要時常觀察九境的。

第一境的「陰入界境」是指「五陰、十二入、十八界」。五陰是指「包含我們在內的現象界所有的存在」，其構成要素為色（一般物質）、受（感覺作用）、想（表象作用）、行（心的意志作用）、識（識別作用）。十二入，指「一切的存在，是由主觀的感覺器官（六根）與客觀的知覺對象（六境）組成」。十八界，指「六根、六境，加上以六根、六境為條件而產生的六識」。簡單的說，這三者是人們內在的一切存在要素，因此陰入界境即指「一切諸法」。

以「陰入界境」為所觀境，再以止觀方法來觀察諸法，就能清楚的究盡其實相。

其中，最重要的是觀察識陰，智者大師認為「識陰即心，即一切諸法」，故而「觀心」即是「觀一切諸法」；將觀心予以徹底的發展，即能把握一切諸法的實相。

觀心的方法

觀心的方法，即四種三昧、一心三觀，與四句推檢。四種三昧，指常行三昧、常坐三昧、半行半坐三昧、非行非坐三昧；是修行時對身體的掌握，也就是從外在形式的規定，進而把握內心的方法。就形式來看，即是坐禪、行道。透過三昧的修持，引發內在的自覺心，即是「觀心」。所謂觀心，即不依特定的形式，自在的隨意觀察自心。面對所觀境時，如何能觀心？智者大師的解答是「十乘觀法」。

十乘觀法的內容為「觀不思議境、起慈悲心、巧安止觀、破法遍、識通塞、修道品、對治助道、知次位、能安忍、無法愛」。最初的「觀不思議境」，是教學思想上為了理解諸法實相，所作的最直接的實踐態度，其具體方法為「一心三觀」與「四句推檢」。

「一心三觀」是逐漸達到體悟諸法實相的一種實踐態度。首先為了得知實相，煩惱的對治是不可缺少的，天台宗將此煩惱分類為「見思惑、塵沙惑、無明惑」，其對治方法，即「三觀」：從假入空觀、從空入假觀、中道第一義觀。目的是要破除「對有的取著、對空無的偏執、墮於極端的智慧」。因此為了破除煩惱所作的「三觀」，實際上就是智慧的內容。修習三觀時，能得到三智（一切智、道種智、一切種智），在了達諸法實相時，也就對治了三惑。因此修三觀、破三惑、開發三智，如實知諸法的「空、假、中」之相狀，即是掌握諸法實相的三個階段。

在智者大師的教學思想根源中，諸法的實相是無法以思惟來表現的。因此正修止觀還有更深一層的實踐，引導行者悟入實相的境界；與此相對應的教說，即是「一念三千」。「一念三千」，指我們眾生的一念心中包含一切法（即三千諸法）。它的主題是在探究一切法的真實相，方法則是提出「心與一切法的關係」。

要了解「一切法」究竟是什麼，首先將「心生一切法」這個命題，用「四句推檢」來探究能生的心與所生的一切法之關係。這個方法是將一切存在的生起關係，以龍樹菩薩的四句「自生、他生、共生、無因生」檢索。「一念三千說」透過四句推檢的方式，解說一切法的究極相。這裡要注意的是，以「不可得」、「不二」來表達一切法的究極相（實相）。

因此，所謂「正修止觀」若以四句推檢來表示的話，即是要觀察除了「不二、不可得」以外，無法再用其他言說來表示的「絕諸言說、思議」境界。對智者大師來說，正修行的方法並不只是「一心三觀」，還包括解說用的「四句推檢」。

本書的四種三昧中的「非行非坐三昧」，及五略中的「歸大處」，亦有關於一念三千的說明。前者以四句推檢的方式來探究心的實相，後者則說實相的極至必須透過實踐才能體悟。這幾點是第七章正修章的主要論題。

一般人以為所謂的「一念三千」就是「一念心中具足三千諸法」，這其實並不正確。如前所說，作為一法的本身並不能稱為「有」，而是以「四句推檢」的方式，來證明一切都是「不二、相即」的關係。因此「一念三千」的骨幹，即是「四句推檢」與諸法「不二、相即」的關係。

後語

一九八一年因為恩師星雲大師及長老慈惠法師的引薦，向慧嶽長老（一九一七—

二〇一六）學習天台學。之後，因自身的資質愚鈍、懈怠放逸，致使對天台宗教義無有所成。為了顧念長老對我的期許，自二〇〇七年開始，連續四年在《人間福報》以單篇、料簡的方式，依次解說《摩訶止觀》的內容。寫作過程，主要參考湛然注釋智顗《摩訶止觀》之《止觀輔行傳弘決》來說明，同時參閱湛然之《摩訶止觀輔行搜要記》十卷、有嚴之《摩訶止觀輔行傳弘決助覽》四卷、道邃之《摩訶止觀論弘決纂義》八卷等。一來自我督促學習，二來希望藉此止觀的修行方法與觀念，提供給現代禪修者參考。敬請教界大德，不吝指教！

二〇一九年五月二十八日

目次

前言・圓頓的力量 2

《課堂上的摩訶止觀》壹

《摩訶止觀》梗概 16
《摩訶止觀》緣起　付法傳承 23
三種止觀 25
圓頓止觀的輪廓 28
《摩訶止觀》章節大意 34

第一章　大意

◎發大心

十種濁心 38
感應道交的菩提心 43

菩提心與四種四諦 47
發心的形式 57
四弘誓願與四諦 74
六即說與菩提心 84

◎修大行

常坐三昧 89
常行三昧 94
半行半坐三昧 99
非行非坐三昧 110

◎感大果 143

◎裂大網 145

◎歸大處 146

第二章　釋名
◎解釋止觀的名稱　152
第三章　體相
◎釋止觀體相
明教相　158
明眼智　170
明境界意　174
明智離合　183
明得失　187
第四章　攝法
◎止觀攝一切法　192

第五章　偏圓

◎偏圓之理　212

第六章　方便

◎二十五方便
總述二十五方便　238
具五緣——持戒清淨　241
具五緣——衣食具足　278
具五緣——閒居靜處　282
具五緣——息諸緣務　284
具五緣——善知識　287
呵五欲　291
棄五蓋　293
調五事　299

行五法 303
開十境 308

《課堂上的摩訶止觀》貳

第七章　正修行

◎正修行
諸境互發 18
觀陰入界境 41
發真正菩提心 65
善巧安心 69
破法遍 94
識通塞 224

道品調適 237
助道對治 270

《課堂上的摩訶止觀》參

知次位 16
能安忍 36
無法愛 42
觀煩惱境 62
觀病患境 112
觀業相境 164
觀魔事境 189
觀禪定境 213
諸見境 327

知次位

陰入界境中，所顯示十乘觀法中的第八項是「知次位」，是令行人了知修行所經歷的階位次第，以免生起增上慢——「未得謂得，未證謂證」，並敘述四教的階位次第。天台四教之理論，修證次第均屬知見範疇，是為次位或稱相似位，但修持目的都同歸解脫道，謂之真實位（究竟位）。此四教之次位各有其教義，如何融通為真實位？首先，說明藏、通、別教之相似位與真位（究竟位）的區別：

一、三藏教

藏教的相似位是內凡的加行位，即：一煖；二頂；三忍；四世第一法[1]。若進一步獲得色界的有漏善根，即入見道位（初果羅漢）。藏教的究竟即（真位），指三乘的無學位（四果羅漢）。

二乘人大「多」論及一生，就能斷除煩惱，時間短促，教門所說明的內容也都大同小異，所謂「一生」雖有百劫、三生等解脫分之分別，論其原意，即是當生取證之意。雖是如此說，但並非每個人都能一生取證，是故說「多」。

在菩薩教門中，非但時間長遠，智慧與斷惑也有差別，修行方法與二乘雖有不同，但同歸解脫道。菩薩修行六度，於初僧祇劫，不知作佛；在第二僧祇劫，知道作佛但不說；第三僧祇劫，自知作佛也說作佛之事；百劫中，修三十二相、八十隨形好之大人相，具足五種功德[2]，名「不退轉地」，但皆屬相似位也，要坐道場成佛，方名「真實位」。三藏教義粗淺，尚有次位之別，豈有凡夫以造次心即說是得上位？這不是增上慢是什麼？

二、通教

通教的相似位即是菩提，是三乘共十地中的第二性地（內凡位），因為此位相似得法性（真諦）水，調伏見思惑，故已進入三乘的內凡位，與藏教的四善根位齊。

而究竟即（真位），三乘共十地的第十佛地也。若機緣成熟時，菩薩便在七寶所成的菩提樹下，以天衣為座，一念相應慧與無生四諦之理相應，斷盡一切煩惱正使及其殘餘的微細習氣，現帶劣勝應身[3]的如來身相。

通教的二乘（聲聞、緣覺），真位與相似位，其智慧不同於三藏教，斷惑階位也不同，若是菩薩位更是條然有別，簡單的說，其「名稱、意義」有「通、別」之分。

三、別教

別教，謂教、理、智、斷、行、位、因、果[4]，有別於前面的藏通二教（二乘聾啞，不知其境），不同於後面的圓教，故名為「別」。如《攝大乘論》、《華嚴經》所說次第四十二位（十住、十行、十回向、十地、等覺、妙覺）即是這種意義。

別教的智、斷等八義，乃二乘人所不能知，但是別教意義廣泛，依根機不同而有不同說法。橫則，有、空、非有、非無（空）四門不同；豎則，階位深淺有別。不可以執著一部經典教義而論是非。

又，菩薩或造通論來解釋經義，或造別論來解釋經義。如：龍樹菩薩作千部論，世親及諸菩薩又造多少論？但由此得度者又有多少？非否定、排斥其他法門？若是隨意褒貶法義，就失去佛教化眾生的方便權巧，自招毀損，反而成為障礙，而圓教是實教一乘，到達一切智地的。

以上解釋藏、通、別三教同具有真（位）、假（相似位）二位；以下解釋別教各位不同，但同是中道一佛乘，智顗大師以十點理由歸納（將於下文說明）。《法華經》：「雖說百千億無數諸法門，其實為一乘。」其所說法皆悉到於一切智地。

以十種觀點說明佛法的融通

1. 教理開合：一期佛教以所說的教理為其教體，教有半滿、偏圓[5]不同，體亦隨教之方便與真實不一。各種真諦，如四諦、三諦、二諦、一諦、無，隨情意、隨智慧等，或開或合，難以合一，最後會歸「法華」一實相，此為顯「體」意。

2. 教門綱格：以教判釋，可知教義之深遠，故稱「綱格」，即是漸、頓、不定、祕密的教化方式，及藏通別圓的教法內容。若能了解此意，聲聞教的開合及化導方法就可以了解了，此乃「判教」的意義。

3.四悉檀[6]：各種經論的內容因主旨、立場不同，有些互相矛盾、有些文字意涵互相違背，不可以世間看法來思惟，不可光從文字來博解，若能深知四悉檀的意涵，對於經典教義就無處不通。諸法相望，互為彼此，善知根機、教法深淺之應用，就不會彼此懷疑了，此乃「釋名」（解釋名稱）的意義。

4.破除謬見：修道過程有任何執著都是障道因緣，必須善巧破除清淨，謬見含：單見、複見、具足見、無言見[7]等。用《法華》圓教意遍破一切執，使能所（主客）無礙，此用「明用」（應用）也。

5.證果的深淺：說明所修法門所證得之階位，「修」有各種方便，「證」也有階位差別，權實、大小、賢聖是不能混淆，若能知道修行的階位就不會生起增上慢，此為「明宗」（說明宗旨）用意也。

6.不壅佛意（縱橫無盡的實教）：開拓各種的法門，並能縱橫無礙，綸緒次第，亹亹成章[8]。

7.開章科段：經論的章節段落如鉤鎖般相承。謂善分析、能詮釋文字，使人容易理解，如今止觀十章十乘，無不前後依次第生起。

8.帖釋經文（經論的次第解說）：解釋經文不廣不略、有事有理，總用以上所述的各種方法隨語言消文解釋，義順而文字適當。

9.語義的理解（翻譯梵漢意思）：翻譯梵漢，對彼此的名義、種類清楚明白，使方言不會壅塞難懂。

10.如聞而修（行教）：「一一句偈，如聞而修，入心成觀。」觀想與經義合一，觀則有印；印心觀想就能自我領悟，非數他人之寶（意謂無有所得）。

今說明次位者，即是十意之一也。

四、圓教

圓教的階位於菩薩境中，再廣分別說，現在簡單說明其修行階位。若修四種三昧[9]，通用二十五法[10]為通方便，如之前所說。圓教最初的外凡位——五品弟子位[11]，內以空、假、中之三觀，觀空、假、中三諦之境，外相用五悔方便[12]勤加精進，可幫助了解此圓教義理。今依五門順序修滅罪法，並於晝夜六時修之，故稱為六時五悔，就五悔說明其階位。

明五悔意

五悔即指懺悔、勸請、隨喜、回向、發願等五門而言，此五法門所以皆稱「悔」者，因其能消滅行者罪愆的緣故。

於正修三昧之前修五悔，正是希望透過五悔的發露懺悔清淨心靈、蠲除障礙，以便於行道誦經中，於心中領納清淨實相，進而在正修三昧時能如理作觀，遠離昏沉、散亂乃至魔障等。因此《四教儀》云：「外以五悔勤加精進，助成理解。」

五悔是事相的懺悔，但也包含修懺的原「理」，行者應事先知道。何謂理懺？《普賢觀經》云：「一切業障海，皆從妄想生，若欲懺悔者，端坐念實相，眾罪如霜露，慧日能消除，是故應至心，懺悔六情根。」故「端坐念實相」正是理懺核心，唯理懺中，卻也不捨「至心懺悔六情根」的有相事修，意即五悔的事懺（用）亦不離實相理觀（體）的內涵！

故「五悔」乃修習圓頓止觀，體悟了解諸法實相、證悟「法華三昧」的重要前方便，若能勤行五悔方便助開觀門，一心三觀便能豁爾開明。

首先，了解逆順十心而繫緣實相是第一懺，此二十心普遍為各種懺悔門之根本。順著世俗的十種心，是從細到粗，最初由一念無始以來的無明乃至成就一闡提的罪業；而逆流十心，則從粗到細，先破一闡提的罪業到破除無明的自性空。

順流十心，指：一者、內心執取有我與人之妄見。二者、內計我人，外加惡友。三者、不能隨喜。四者、無惡不造。五者、惡心遍布。六者、晝夜相續。七者、覆諱過失。八者、不畏惡道。九者、無慚無愧。十者、撥無因果。十種順流生死的心都是由於不知因果業報，身心隨貪瞋癡造諸惡業，乃至造四重五逆之闡提罪，故流轉生死，永無解脫之期。

今要懺悔罪業，應當用逆流十心來破除惡法。

逆流十心：一、正信因果。二、生重慚愧。三、生大怖畏。四、發露懺悔。五、斷相續心。六、發菩提心。七、修功補過。八、守護正法。九、念十方佛者。十、觀罪性空者。十種懺悔是順著修涅槃道、逆生死流，能滅除四重五逆重罪的法門。

五悔法門

（一）懺悔

懺悔：發露無始以來身口意三業所造之罪過而悔改之。發露自己的罪過，名「懺」；改往修來，名「悔」。

佛的光明慈悲普照一切有情，以身口投禮佛之足下，願具世間眼的佛陀證明我人懺悔：「我從無始以來，為無明所逼迫，不認識真理實相，故遮佛道眼，從三界的煩惱惑發動身口意三業，造十惡罪，對三寶、六親[13]、四生[14]以及其他五道眾生作不饒益他們的事，破壞發三乘心的人，也造五逆七逆[15]的重罪，自己作也教他作，更隨喜見別人所作惡事，應於現生來生受到各種的苦惱。如同三世菩薩追求佛道時的深重懺悔，我也如是！身心被昏沉煩惱所傷害，沒有智慧眼！」懺悔時，深心真誠至聲淚俱下，五體投地，如樹崩倒、眾惡傾倒摧折我人一般，如此名為「懺悔」。

（二）勸請

1. 請轉法輪

勸請十方諸佛留身久住，恆轉法輪，救護眾生，是名「勸請」、「祈求」。聲聞人重視自度，直接懺悔自己的罪過；菩薩愍念眾生，故行菩薩道，所以須勸請諸佛加持。初心菩薩知道自己的過罪尚不得解脫，眾生不知煩惱過錯於無量劫中流轉生死，我無力救拔，祈請十方諸佛愍念眾生，不揀擇凡夫的粗鄙，希望能順從我願！

勸請，主要是祈請諸佛能為眾生演說佛法，指佛陀三轉四諦之法輪：1.示轉，指示「此是苦，此是集，此是滅，此是道」。2.勸轉，勸示「此是苦，汝應知；此是集，汝應斷；此是滅，汝應證；此是道，汝應修」。3.證轉，證示「此是苦，我已知，不復更知；此是集，我已斷，不復更斷；此是滅，我已證，不復更證；此是道，我已修，不復更修」。

以每一轉各具眼（觀見）、智（判別）、明（照了）、覺（覺察）四行相。

佛說四聖諦法，使眾生了解世間真相而去除煩惱，證入涅槃，未證得涅槃的人也能獲得世間法樂。佛能為眾生說法，則一切眾生就能獲得安樂，如祈求遍灑甘露，我有小田，自能受到滋潤，此為「請轉法輪」的意義。

2. 請佛住世

勸請的第二種含意是「請佛住世」。凡夫隨業流轉，也隨心念的造作而於六道轉生而住，心若能止住妄想造作，自然不再流轉六道。我今請佛饒益眾生，如大火炬，望能止住不斷造作變化的心，使眾生的心清淨安穩，得到解脫，是名「勸請」。

（三）隨喜

隨喜，於自他一切之善根隨喜讚歎也。「隨」隨順事理，無二無別，「喜」是慶己慶人。佛既然已三轉法輪，眾生獲得三世的利益，故是因之前的「勸請」才有現在的歡喜。又，我應勸化眾人，令其生起善心，若能自生善心，故我歡喜眾生得益。

乃至過去現在未來三世眾生能具福德[16]善、三世三乘能獲無漏善、三世諸佛從初心直至入滅，一切所有諸善我皆隨喜，亦教他人隨喜。如賣香時，賣香者、買香者、傍觀者三人同熏香氣。故能度化的人、受教化的人、隨喜的人，這三種善是均等。

觀眾生被煩惱所迷惑時，心甚為悲傷，觀眾生能自生善業時，對他們生起大恭敬心，如常不輕菩薩尊敬一切眾生一般。

常不輕菩薩見諸眾生具足三因佛性[17]，皆當作佛。三因雖未發起，日後必然生起，故應恭敬眾生如佛。因為未來諸佛世尊其數是無可限量的（因為人人皆具佛性，必然皆成佛道），此是甚深的隨喜意。《法華經》的隨喜法門（聞佛壽命長遠——佛性永恆故），或是《大品般若經》中隨喜眾生行善的人等，即是此意。

（四）回向

「回向」乃以一切所修之善根向於眾生、向於佛道。一切賢聖的功德廣大，我今隨喜，福德也會隨之廣大。眾生缺乏善根，我今以善法布施眾生，以此功德正向菩提，如音聲透過號角，響聲就會遠傳，此是回向的大利益。真正的回向能斷三界煩惱惑，滅除戲論，捨除煩惱重擔，成就不取、不念、不見、不得、不分別的境地。

能回向的人、所回向的地方，諸法皆因妄想和合，故一切法皆無自性不實故，沒有已生今生當生，也沒有已滅今滅當滅，世間諸法皆如此。我今順從諸法性，隨喜回向，如三世諸佛所知所見所應許，是名「真實的正回向」、「最上具足大回向」。

若能如此回向，就不會有謗佛過失。因為佛的果德是非有乃至非有非非無（非思量分別故）。因為非「苦」所以沒有過錯，因為非「集」所以沒有繫縛，因為有「道」故無煩惱毒，因為證得「滅（諦）」故無缺失，此依無作四諦[18]之理作回向也。《大毗婆沙論》：罪應如是懺悔，勸請、隨喜福、回向於菩提，皆應該如此。

（五）發願

發願，要發四弘誓願，以實踐懺悔、勸請、隨喜、回向等四種行法。「誓」如答應給別人，若沒有約定，恐怕要給的東西容易變卦。布施給眾生諸善若沒有心，容易後悔，故加「誓願」加強布施的意志。

又，沒有誓願如牛沒有駕御一般，不知方向，以願力支持實踐必能完成所願。也叫陀羅尼，總持一切善，以遮除惡法，如坯（瓦未燒）經過火燒烤才能盛物。二乘人已斷除輪迴轉生的業，故不須發願；菩薩生生世世度化眾生，須發總願與別願，四弘誓願是菩薩的總願，菩薩各別的修持法門為別願。《無量壽經》法藏比丘的四十八大願、《華嚴經・入法界品》等諸菩薩行所說——善行、陀羅尼，皆是別願。

今於道場中，日夜六時行此懺悔，破除大惡業罪；勸請，破除謗法罪；隨喜，破除嫉妒罪；回向，破除有所作為的執著有相罪；順空無相的願力，所得功德不可限量，算數譬喻也不能說。以上解釋五悔法門的修持方法。

修持五品弟子位

五品弟子位略稱五品位，天台宗立圓教之行位有八項[19]，五品弟子位即其中第一位。五品，指專心於自己之實踐行，故稱弟子位。五品即：（一）隨喜品，聽聞實相圓妙之法而信解隨喜，內以三觀觀三諦之境，外用懺悔、勸請、隨喜、發願、回向等五悔勤加精進。（二）讀誦品，信解隨喜並讀誦講說妙法之經。（三）說法品，以正確說法引導他人，更由此功德觀自心之修行。（四）兼行六度品，觀心之餘輔修布施、持戒、忍辱、精進、禪定、智慧等六度。（五）正行六度品，觀心之功夫升進時，自行化他事理具足，故在此須以六度之實踐為主。以下，依次解說其文意：

（一）隨喜品

若能精勤修行五悔方便，可協助開起觀門，使一心三諦[20]豁然開明，如清淨光明的鏡子能遍照各種色相，於一念中圓解三觀成就，不加功力，任運自在分明，正信堅固，不會動轉，此名「深信隨喜心」，即「初品弟子位」也。

《法華經・分別功德品》說：「若有眾生，聞佛壽命長遠，乃至能生一念信解，所得功德不可限量，能起如來無上之慧，若聞是經而不毀呰（謗），起隨喜心，當知已為深信解相。」即是初品「隨喜」之引文。

（二）讀誦品

又以圓教立場理解觀心，修行五悔法門，更加讀誦經典，善言妙義與心相會，如膏助火般，是時心觀愈加清明，名「第二讀誦品」。《法華經》云：「何況讀誦受持之者，斯人則為頂戴如來。」

（三）說法品

《法華經》說：若有人受持、讀誦、為他人說，內觀轉強，以誓願熏動，外則如法演說，開導前人，令他依法修持。因教化濟度眾生，故能獲得教化之功德，心念更能倍加清明，其功德自當勝於之前，名「第三說法品」也。

（四）兼行六度

《法華經》說：「何況有人能受持是經，兼行布施等六度，其功德最為殊勝，無量無邊，譬如虛空至一切種智。」今藉由修行五悔兼修六度，以福德力故，以助理觀，倍加增明，名「第四兼行六度品」也。

（五）正行六度

《法華經》說：「能為他人種種解說，清淨持戒，忍辱無瞋，志念堅固，常好坐禪（得諸深定），精進勇猛（攝諸善法），利根智慧，當知是人已趣道場，接近三藐三菩提。」能以此心修行五悔，正修六度，自行化他，事理具足，觀心無所障礙，比前行更為殊勝，不可比喻，名「第五正行六度品」。

總結

這五品弟子位圓伏五住煩惱，是尚未斷見思惑的外凡位，與別教的十信位相同，以下從陰、界、入，說明其次位。

黑的陰入界，即三惡道位；白的陰入界，即三善道位；善方便的陰入界，即小乘的相似位；無漏的陰入界，即二乘真位；變異的陰入界，即五種人位[21]；色、受、想、行、識陰入界，皆法性空，即是佛位。

又，此五品位既圓悟佛性，依教修觀，對治煩惱習氣，了知一色一香無非中道，一切諸法無非佛法，一切眾生皆當作佛，既轉入更光明清淨的境地，豁然頓入聞慧，通達無滯，信心堅固，即「信心」也，如此次第，念、進、慧、定、陀羅尼、戒、護、回向、願等十信具足，名「六根清淨」相似之位，能使四住[22]的煩惱惑盡除。於十信最後一心，破一分無明，證一分三德，即入初住而證法身，是為法身大士。

《仁王般若經》：「十善菩薩發大心，長別三界苦輪海。」即是此意，進入初住，破無明、見佛性。《華嚴經》說：初發心時便成正覺，真實之性不由他悟。如是次第的四十二位究竟妙覺，階位歷歷分明，是名「知次位」。

【註】

1 四善根位：⑴煖位：可燒除煩惱，接近見道無漏慧，而生有漏之善根。⑵頂位：於動搖不安定之善根（動善根）中，生最上善根之絕頂位。⑶忍位：為確認四諦之理，善根已定，不再動搖（不動善根）之位，不再墮落惡趣。⑷世第一法位：為有漏世間法中，能生最上善根之位。

2 菩薩具足五功德：生貴家、生人天、得男身、諸根圓滿、識宿命。

3 通教的佛：名為「帶劣勝應身」，以其仍以分段生死身應化救度界內眾生，故名為劣；此身高大如須彌山，故名為勝，在七寶樹下的天衣座上成佛。

4 別教義有八：所謂教則獨被菩薩，理則隔歷三諦，智則三智次第，斷則三惑前後，行則五行差別，位則位不相收，因則一因迴出，果則一果不融。

5 半滿、偏圓：判釋教理勝劣之用語。就所說之法而言，「世法」為半，「出世法」為滿。又出世法中說小乘為半，說大乘為滿。偏者，偏僻之理，偏於空乃至中；圓者，圓滿具足一切。就大、小乘而言，則小乘為偏，大乘為圓。

6 四悉檀：佛以此四法遍施一切眾生。佛之教法有種種差別，乍見似為矛盾，若總其教說則有四悉檀之別，皆為實義而不相違背。(1)世界悉檀：即以世間一般之思想、語言、觀念等事物，說明緣起之真理。(2)各各為人悉檀：即應眾生各別之根機與能力，而說各種出世實踐法。(3)對治悉檀：針對眾生之貪、瞋、癡等煩惱，應病而予法藥。(3)第一義悉檀：直接以第一義詮明諸法實相之理，令眾生真正契入教法。

7 四見：單見指八十八使、六十二見、百八煩惱。複合見是對前面所說煩惱有無俱生。具足見乃執有、無、亦有亦無、非有非無。無言見中，以老莊思想的絕言無為作批判。

8 「綸」繩索，「緒」絲頭，綸緒意謂縱橫開合，不失次第。「亹亹」文采順也，如風之偃草，意謂聲韻義理沒有煩雜的過失。

9 四種三昧：常坐（一行三昧）、常行（般舟三昧）、半行半坐（方等三昧、法華三昧）、非行非坐三昧（覺自意三昧）。

10 二十五法：具五緣（持戒清淨、衣食具足、閒居靜處、息諸緣務、近善知識）、呵五欲（色、聲、香、味、觸）、棄五蓋（貪、瞋、睡眠、掉悔、疑）、調五事（心、身、息、眠、食）、行五法（欲、精進、念、巧慧、一心）。

11 五品弟子位：隨喜、讀誦、說法、兼行六度、正行六度。

12 五悔：懺悔、勸請、隨喜、回向、發願。

13 六親：父、母、兄、弟、妻、子。

14 四生：三界六道有情產生之四類別：(1)卵生：由卵殼出生者，稱為卵生，如鵝。(2)胎生：從母胎而出生者，稱為胎生，如人等。(3)溼生：即由糞聚、腐肉、叢草等潤溼地之溼氣所產生者，如飛蛾等。(4)化生：無所託而忽有，稱為化生，如諸天、地獄等。

15 七逆：出佛身血、殺父、殺母、殺和尚、殺阿闍梨、破羯磨轉法輪僧、殺聖人。

16 福德：是菩薩摩訶薩圓滿菩提的根本，為聖人所讚歎、有智慧者實踐的內容，此福德能獲得四天王天等福報乃至佛的一切種智，是故見福歡喜。

17 三因佛性：指正因佛性、了因佛性、緣因佛性。正因佛性即眾生本有的真如，了因佛性即洞見真理的智慧，緣因佛性即資助生起智慧的善行。

18 無作四諦：煩惱即菩提，故無斷集修道之造作；生死即涅槃，故不須滅苦證滅之造作；如此離斷證造作之四諦，故謂之無作四諦。

19 圓教位次有八項：(1)五品弟子位，屬於外凡位。(2)十信位，內凡位。(3)十住位，初聖位。(4)十行。(5)十回向。(6)十地。(7)等覺，是因位之末。(8)妙覺位，果位也。

20 一心三諦：一心中含三諦相。真諦、俗諦、中道諦叫做三諦，此三諦舉一即三，雖三而常一，說三說一是圓融無礙，是名圓融三諦，亦稱一心三諦。

21 五種人位：果地的聲聞、緣覺及通、別、圓三教的斷惑菩薩。

22 四住：(1)見一切住地，乃三界之見惑。(2)欲愛住地，乃欲界之思惑也。(3)色愛住地，乃色界之思惑也。(4)有愛住地，乃無色界之思惑也。圓初信斷見惑、七信斷思惑。

能安忍

十乘觀法中的第九項是「能安忍」。從第一觀的「觀不可思議境」至第八觀「知次位」逐漸漸入五品位，因彰顯其功德，必受大眾恭敬，但也容易遭受別人嫉妒，此時策勵其心，安忍內外榮辱，若能再安忍煩惱業等內生的逆緣，以不受不著的心向六根清淨位邁進，從五品位進入十信位。

《摩訶止觀》：第九安忍者，能忍成道事，不動亦不退，不斷亦不破，是心名「薩埵」。開始從第一觀不思議境、真正發菩提心、善巧安心、破法遍、識通塞、道品調適、對治助開、知次位等八法，逐漸轉化障礙智慧開發，或且未入品（指階位），或者入初品，心智明利。如鋒刃、飛霜般，觸物就能斷物。初心聰明叡智，雖尚未聽聞學習，即能解說經論，閱覽其他義疏也能洞達其宗旨目的，解釋一條就辯說無礙，不可窮盡！

（一）能安忍

若能安忍心中所體悟的智慧，雖能了解但不會隨便彰顯，自行精進不懈，必然獲得入品階位或進入更高之品位。志念堅固，不會移轉，此乃真正的修道。

（二）不能安忍

但鐵錐不安處於囊中，就難以覆蓋而顯露。如：見到講者講得不合道理，或是見到行道的人，法不當，假使以慈悲告之，即容易被大眾所恭敬圍繞，凡事都請其講說或者勸他為眾生慈悲說法，使自己起心動念，即說一兩句法或說示一兩段禪話，最初對一人，漸漸傳播增廣，無法停止。

最初時，似乎是對他人有益，但這種理益是非常微弱的，不但荒廢自己的修行，反成障道因緣，使道品無法升進。好比小象力微，以身沒於獵師的刀箭中，也如擲少湯投入刨冰，反而添加冰聚而已。

《十住毗婆沙論》說：這是敗壞的菩薩。過去，在齊魏的首都相州洛陽，有一位禪師大興佛法，名聲遠播，四方敬仰，去拜訪的人千百成群，這又有什麼利益？臨命終時，皆會後悔的！就如住於陳州項城武津的南嶽大師曾經感嘆：「一生希望進入銅輪位（十住位），但領眾太早，所求不能如願。」在他的誓願文中：「擇！擇！擇！擇！」提醒後學應慎重抉擇，這可為後人之修行借鏡！

南岳慧思大師自審修行因領眾太早，只證得六根清淨位（鐵輪位），未達「十信」之銅輪位，勸導後人，應甚思自己所行，才不會造成修道上的遺憾。

修道人修行至此，應該自己審察斟酌一番，若是智慧力強盛，必須廣為利益眾生，如大象押護小象群一般，如果不是這樣情形，應當安然忍受自我修持的心境，深修三昧，等到修行成就後再行教化不遲。

（三）引論說明「安忍」

《大智度論》說：菩薩摩訶薩應教化眾生為事，云何深山自靜，棄捨眾生，違於慈悲利他之行？

意即菩薩身雖遠離眾生，心不遠離，靜處求定，得實智慧以度一切。猶如病人服藥於身，身體康復之後則能修業如故，菩薩宴然寂靜也是如此。

（四）安忍的階次

假使修到六根清淨[1]，名「初依人」，有所說法才可為人所信受，一音遍滿法界，聞者歡喜，是化他之階位，假使此時不出來教化眾生，強軟的順逆兩賊[2]就無法侵襲你了，自己修行不斷的轉化，自然就能夠具有度化眾生的能力，如強而有力的大象（喻指六根清淨位）能以鼻子護衛，不懼刀箭，又如日光普照世間，長久凝聚的冰塊受日光照射，自然能融化，此即是安忍的力量。

（五）安忍的方法

若遇到名譽的羅罥、利養的毛繩，應防止這些對內心的侵害，勿令觀法散滅。若是眷屬聚集於修行人四周，會破壞行人各種修持，好像「枝葉外盡」，猶如大樹，枝葉聚集眾鳥，樹幹內有許多蟲蝎，此樹必定壞死。

遇到名聞、利養、眷屬圍繞，行人當知名聞利養的禍害，不可取著，假使不能推卻名聞利養，反被名聞利養所纏繞，當隱藏自己德行、露出瑕疵，外現佯狂、內含真實，心中密覆修行的心境，勿使喪失正見。若行人為遠離名聞、利養、眷屬而遁跡，仍然無法脫離名聞利養的束縛，當遠走他方，至萬里外絕人跡之處。

沒有外在名聞利養能迅速學道，若名聞、利養、眷屬從外在影響行人修道，要憶念此三種法：1.對名聞利養不受不著；2.隱德露疵，勿失正見；3.避開名聞利養之處，遠走他方。名聞、利養、眷屬的誘惑是很難拔除的，只有運用以上三種法才能向六根清淨位邁進。

假使是煩惱、業、禪定、諸見、慢心等內賊要從內心來破除，應憶念即空、即假、即中三觀[3]，依此三觀對治一切障礙。假使修禪定的時候，因為身體四大的轉化，產生重、澀（地大），冷、滑（水大），煖、癢（火大），動、輕（風大）等八觸的現象，應端心正觀，不因身心轉化獲得輕安而歡喜，也不因八觸惡相而煩憂，能安忍此心境，必能進入真正禪定的境地。

《大品般若經》：「無量人發菩提心，多墮二乘地。」意即因為貪著各種解脫境界緣故，菩薩為成辦度化眾生、成就菩提大事，必須安忍這些順逆境，若能了解此意，就無須其他九境[4]的修為了，對尚未了解的人，當於十境中再廣為說明。

【註】

1 六根清淨位：為天台宗智顗大師所立圓教階位的內凡位，即是五十二位中的十信位，亦相當於圓教六即位中之相似即位。於此位之菩薩已斷除見思、塵沙二惑，而獲得六根清淨。

2 強軟兩賊：就是外境「違、順」兩類的「八風」。違境是強賊，順境就是軟賊。會竊走禪定、智慧，所以稱為「賊」。八風，指利、衰、毀、譽、稱、譏、苦、樂。

3 三觀：(1)空觀：空者，離性離相之義。世間萬象皆是因緣和合所生，無有自性，具無常、變易的本質，是為空觀。(2)假觀：假者，無法不備之義。世間萬物雖是假合而有，但不礙其原有的作用，不停滯於「空」而進入佛智遍照之世俗境界，是為假觀。(3)中觀：中即中正，泯絕二邊對待之義。不執空觀、不執假觀，空假圓融之大悲菩薩行，是為中道觀。即空觀即對內心之思想、識執皆不住著，了知過去現在未來三心不可得。假觀即對外界一切有相物質不染，了知一切法畢竟歸空。中觀為外不住六塵、內不住空有之中道境界。

4 九境：十乘觀法中，除「能安忍」外的九種境相。十乘觀法為：觀不思議境、起慈悲心、巧安立觀、破法遍、識通塞、道品調適、對治助開、知次位、能安忍、無法愛。

無法愛

正修行第一「陰入界境」中，十乘觀法的第十項是「無法愛」，前面九種觀法可成就十信位，去除內外障礙，獲得六根清淨。若是行人於此十信中，不會生起對法的愛著，能離棄住著的心，即能由十信的相似位轉入「初住」的真實位了。

無法愛者：之前九事，即已通過內外障礙就能進入真實位，若是不能進入的人，是因住著於法愛而不能向前。

在此章節中，先借藏通別之三教義解說頂墮[1]的情況，其次以《法華經》「大白牛」的大乘意重述十乘觀法的意涵，最後說明「陰入界」的十乘觀法也能適用於「歷六緣、對六境」的生活止觀中。

（一）三藏教的頂墮

聲聞的證果位次有七方便位（凡位）、見道位（聖位）、修道位、無學位之別。

在七方便位中，指的是三資糧位（修五停心觀、別相念處、總相念處）與四善根的加行位，能入四善根位，方能見真諦進入見道的聖位。

《阿毗曇毗婆沙論・雜犍度世第一法品》說：聲聞的四善根初的「煖法」猶有退墮的情況，五根（信、進、念、定、慧根）若具足能引發「忍法」（四善根第三項）入真諦，則不會再論退。

「頂法」（四善根第二項）若生起執著法之心，本來應該進入而沒有進入就容易退犯四重五逆[2]之過失。

（二）通教、別教的頂墮

通教、別教於修證時，也都有頂墮的情況。通教在第二地的「性地」調伏見思惑；第三「八人地」時入無間三昧；第四「見地」時以十六心（以無漏智現觀四諦所得之十六種智慧）斷三界見惑而見道。故在「性地」的伏惑位會有住頂、頂退的二種情形。

別教有五十二階位：十信、十住、十行、十回向、十地、等覺、妙覺。十信是外凡位，調伏三界見思惑；十住、十行、十回向，此三十心配對四善根，縱然生起執著心，但因為還在十行、十回向中，尚未登入十地位，雖稱「頂墮」，但不算是造作的過失。

（三）出圓教相似位有愛

既不入見道位又不墮於二乘的情形，《大智度論》說：「三三昧[3]是相似的見道位[4]（圓教的十信位），在未引發真諦（見真理）時，對法喜產生執著，就稱為「頂墮」。」因為在十信位生起愛心，就不能進入初住位了。而六根清淨位（圓教十信位）一定不會墮入小乘，則以住頂名之為「墮」，但不是退墮，以六根皆是向善，沒有退失的緣故，何況是再造四重五逆？所以這裡的頂墮是不同於前面所說通教與藏教。

行人修行至此，千萬不可停留在此情況，若是修到這種情形，應該善加防護！在此階位雖然沒有內外的障礙，但容易生起對法的執愛，法愛是很難斷除的，若是停留在這種情況，這並非是件小事。譬如同樣的帆船來去方向不同，一去一停，停即住著，又，雖不著沙地亦不靠岸，沒有風就停住。不著沙比喻沒有內障，不靠岸比喻外障，若生法愛如風停息無住著，不進不退名為「頂墮」。

（四）正明無法愛

若是破除法愛進入三解脫門，引發真正中道實相，所有的智慧法身不必經由他人而能領悟，自然流入薩婆若[5]海，住無生忍[6]，亦稱為「寂滅忍」[7]。以首楞嚴三昧[8]的遊戲神通，具足的大智慧如大海水，所有的功德唯佛的境界才能證悟了知。

今因修止觀的各種進趨方便（十乘觀法）而能到達這樣遠離愛著的境界，行解具足，正行或助行悉皆圓滿，這已經是進入初住的功德，就堪入道了。

（五）解說十乘觀法

這十種法，名為「大乘觀」，若是學此十乘法的人，名「摩訶衍」（大乘法）。

什麼是大乘？如《法華經》：「各賜諸子等一大車。其車高廣，眾寶莊校，周匝欄楯，四面懸鈴；又於其上張設幰蓋，亦以珍奇雜寶而嚴飾之；寶繩交絡，垂諸華纓，重敷綩綖，安置丹枕；駕以白牛[9]，肥壯多力，膚色充潔，形體姝好，有大筋力，行步平正，其疾如風。又多僕從，而侍衛之。」

以十乘觀法來對比其內容：

1.大車高廣：指第一不思議境也。

2.幰蓋慈悲，寶繩交絡：即是第二發菩提心。

3.安置丹枕，枕有內外，若車內枕，休息眾行：即第三善巧安心。

4.若車外枕，或動或靜：動靜即是第四識通塞也。

5.破塞存通，即塞而通，其疾如風：即破無明，是第五破法遍義。

6.《大品般若經》說道：法愛難斷，故處處說，以破無明三昧；始自「駕以白牛，肥壯多力，膚色充潔，形體姝好，有大筋力，行步平正」，乃第六道品調適也。

7.多僕從：即第七對治助開。

8.遊於四方：即第八知次位。

（六）十乘觀法意涵

從止觀的立場而言，觀現前的一念心，念念無非是法性實相，是名「第一大車」。念念觀心，現前一念心乃無先無後、無始無終、無邊無際，此心具足空假中三諦，故以「其車高廣」之「高」來譬喻。現前一念心具足十法界（佛法界、菩薩法界、緣覺法界、聲聞法界、天法界、修羅法界、人法界、畜生法界、餓鬼法界、地獄法界），所以稱之「廣」。

以「眾寶莊校」譬喻一切眾生自性的功德超越恆河沙數，故說：「佛說一切法，為度一切心，若無一切心，何用一切法？」所以，心外無法，法即是心。心是包括世間法、出世間法，以四正勤[10]止惡、修一切善，以願力來堅持，如釘鑷牢固，是為「周匝欄楯」。因心能普遍受應一切，以四無礙辯[11]演說諸法，故謂「四面懸鈴」。「又於其上，張設幰蓋」喻慈悲心，乃一切諸法中最上殊妙者，無法不包，無法不容。

「亦以珍奇雜寶而嚴飾之」，佛說的三十七道品、佛十力、四無所畏、十八不共法等，不與外道相同，名「珍奇嚴飾」。以四弘誓願使修道之心不退，故說「寶繩交絡」。以布施、愛語、利行、同事的四攝法利諸有情，皆令有情歡喜，成就無量福德，故為「垂諸華纓」。具足各種三昧，能起六神通，故是「重敷婉綖」。心性能動亦能靜，動不礙靜，靜不礙動，動靜一如，是為「安置丹枕」。

以四念處的智慧破除凡夫執著世間是常樂我淨的四顛倒，及二乘人執著出世間的非常、非樂、非我、非淨的四顛倒，是名「駕以白牛」。以四正勤能增長世間、出世間的善，是名「肥壯多力」。能遮止未生的惡令不生、已生惡的惡令斷除，使此二惡盡除清淨，是名「膚色充潔」。

詮釋《法華經》大白牛車的止觀意涵，其中具足欲、念、進、慧如意足[12]以及法、義、辭、樂說的四無礙辯之自在，名「形體姝好」。若有信、勤、念、定、慧等堅固信念的五根，名為「筋」。

繼而增長信力、念力、精進力、定力和慧力等，遮除各種惡法，名為「力」。

行道中，善用七覺支[13]來揀擇分別，以去惡從善，名為「行步」。以八正道進入安穩的解脫自在境界，名為「平正」。

為了對治各種煩惱，廣攝一切佛法來對治障礙，以協助修道的升進，名「又多僕從而侍衛之」。

破除對境界法樂的執取無明，進入一切種智海，迅速發起無漏真諦的智慧，名「其疾如風」，以此運載一切眾生進入佛乘，得解脫樂。此觀法具足各種法門，與《法華經》義相應合，故名「大乘觀」也。

又依「六即佛」意而言，一切法皆是一乘法，凡有情識（心）的眾生無不具足這樣的妙法（佛性），是名「理乘」。

若如來不說，則眾生不能知曉，今以聽聞教法得知本具之妙法，歡喜信受，即是「名字乘」。

因聽聞法義故，依教修行就進入五品位[14]，名「觀行乘」。

（七）圓教「六即佛」意理乘、名字乘、觀行乘外的其餘三乘

若依教修行，能於五品弟子位後，獲得六根清淨，名「相似乘」。六根清淨的功德，能出離三界，入住一切種智海，雖進住真如實相中，卻不執著住相；從入初住，

乃至到十住，獲得「真實乘」，遊於東方。若是進入十行位，遊於南方；若入十回向，遊於西方；若入十地，遊於北方。四方輪環沒有邊際，證得畢竟空而止於中央，即是入妙覺位，直至佛乘道場，即是此意也。

法法皆是如此，真理本來具足（理乘）；今聽聞信受教法，故為「名字」；由教義起觀「行」，最初獲得「相似」，其次證得「真實」，次第獲得四乘，復繼住、行、向、地，各配以四方，最後止於中，成就「妙覺位」。如左頁圖：

《摩訶止觀》雖僅於「觀陰入界境」中說明坐中修、歷緣對境修止觀；於其餘九境，也是可以依此而類推來修。

以下說明「歷緣對境觀陰界者」。

（八）歷緣對境觀陰入界

歷緣對境觀陰界者：緣，謂六作；境，謂六塵。六作，指生活中的六種動作，行、住、坐、臥、（造）作、語；六境，指色、聲、香、味、觸、法等六塵。此六作與六塵是修行者之所緣境。

一切法悉一乘，有心者無不具足		理乘
如來說教，聞教歡喜頂受		名字乘
依教修行，入五品位		觀行乘
得六根清淨		相似乘
入初住至十住	遊於東方	真實乘
十行	遊南方	真實乘
十回向	遊西方	真實乘
十地	遊北方	真實乘
妙覺	止於中央	（究竟乘）

《大智度論》說：「於緣生作（為）者；於塵生（感）受者。」如修「般舟三昧」的常行方式[15]，「法華三昧」、「方等三昧」的半行半坐方式[16]；或掃灑做事，皆有行動，皆隨自己的意念。假使不於行中，學習止觀，如何能迅速與道理相應？簡略辨別其相。

（九）簡略說明「歷緣對境觀陰界」的行相

1. 明觀境

所觀的境相，若為舉足、下足之間。足是色法，色是由心來運作，從這裡至那裡。這個心念是依色（身）而生，即是「色陰」；領受這個行為，即是「受陰」；於行為分別有我，即是「想陰」；為善、為惡，即是「行陰」；行為是由心而生起，即是「識陰」。

行為面對六塵時，生起各種心念，則有十二入、十八界，乃至眼對色、耳對聲、意對法等，也皆是如此，是「陰入界」於舉足動作之間悉皆具足的。五陰分別如左圖：

此心依色——色陰
領受此行——受陰
於行計我——想陰

善行、惡行——行陰
行中之心——識陰

如此的「陰入界」即是無明與行為、因緣和合，而產生五陰、十二入、十八界，陰、入、界與無明是息息相關的。

無明的實性即是法性，法性即是法界，一切諸法都是由於行為的造作而產生的。一個陰入界的生起與一切陰入界的產生道理是相同的，故一與多是不相妨礙的，是名「行中不思議境」。又，惡取空之大乘人應從觀五陰、六入、六塵入手，如上所說，既然「行」與無明和合而生萬法，無明空性即是法性，一切萬法亦即是法性了。由此，觀一入即觀多入，謂「觀行不可思議境」。

2. 明發心

能到達觀一境時，一切境就能同時生起，內心的慈悲心也會同時生起。感傷自己心智昏沉，無量劫來，常為五陰的色身執取外在的六塵境而迷惑顛倒，至今才覺知一切眾生皆具成佛的一乘性。

對世間起顛倒錯誤想，甚為可憐，故行人應發誓願、破無明，作眾生的依止！

3. 明安心

若能如此發心誓度眾生，就能安心於定慧的修持，內心寂然、光明常照。

4. 明破法遍

心既然獲得安穩，寂然入定，就能遍破見思惑、無知、無明等煩惱、空假中三諦的障礙，從縱廣的角度遍破無餘。

5. 明識通塞

遍破煩惱盡，又能善識了知各種對治，讓修道能通達無礙，不會執取於中而致道業無法升進。

6. 明修道品

善知各種修道內容，不偏於有無兩邊，於中道實相中斷惑而入般涅槃，得解脫自在。

7. 明對治

又，善知於修行中，以六度（布施、持戒、忍辱、精進、禪定、般若）對治六蔽

（貪吝、毀犯、瞋恚、懈怠、散亂、愚癡）病，助開涅槃解脫門。

8.知次位

深切了知修道的階位，知道自己此修行中，尚未進入聖位，深自慚愧而精進不懈。

9.明安忍

於修行中，對外能降伏名利心，對內能調伏煩惱障、業障、報障，安然心不動搖。

10.明法愛

執著於所證的境界，容易讓所修的境相停滯不能進步，故應該去除對法的愛著，不要讓所修的境界退墮下來。

這十法若能成就，就能進入銅輪位[17]證得無生法忍。

引《法華經・譬喻品》的譬喻解說十乘法：如同獲得一大寶車，此車高廣，莊嚴清淨，有各種珍寶莊飾，其車速度快如風，可任意嬉戲快樂，若乘此寶車就能直至道場。

這是約六作中「行」的因緣來作觀，以對治「無明的糟糠」，顯現「法性米」的情況，舉足下足之間皆與實相不相違背，具足佛法。六作中的「行」，其修法如此，餘五作「住、坐、臥、語、作」之修法也是如此。

（十）明對境

前以歷緣（六作等緣）修觀，今說明「對境修觀」。對境者，是從眼睛所見，執著我所受。如眼根對色塵起眼識分別，六根、六塵、六識和合為十八界受，眼睛所見色塵有五陰、三界、內外二入（六根對六塵），如上面所說。

又，《彌勒相骨經》[18]說：「一念見色，有三百億五陰的生滅；一一五陰，即是眾生。」假使真是如此，眼睛對色塵時，何止只有五陰、三界、內外二入？尚有更多的五陰生滅為吾人所不知，若如此觀察眼見色塵，漸漸去除執著，名為滅修，但這不是大乘的修法。

《央掘魔羅經》說：「解脫境上，唯有假名，不說有妙色。一切諸如來，解脫說有妙色，猶如於掌中觀察菴羅果[19]一樣。」

一念見色，有三百億五陰生滅，但眼睛所觀的色與「一念見色」的比較是屬於「滅修」，而「一念見色」尚不及「一念心起」具足一切法，但是佛眼觀色就無「滅修」之過了。

（十一）三智、五眼

以下，引經典總立佛之三智、五眼[20]。

假使眼觀色時，能見色是無自性空，此為諸佛如來常具足之觀法，所以稱無滅修（全修在性）。

其觀法即是：眼睛見色時，一念心起，即是法界，具足一切法，即空、即假、即中。

能於一切法中，觀「有、空、亦空亦有、非空非有」之四句不可得，故說「即空」（空智）。彌勒菩薩觀色時，一念之間能了知五陰有三百億的生滅，乃至一地、十地。

觀色如此，受、想、行、識也是這樣，又如外道梵志打髑髏作聲，從音聲中能了知髑髏的出生地方，也能知無量事。香、味、觸等也是如此，故說是「即假」（假智）。

假觀的智慧亦是隨緣而有，無有自性故不執著於假；空觀的智慧乃勘破實有之執，也不可執著實有的空智；若無空假的執著，又能有雙照空假的智慧，當下猶如虛空，永捨「有與無」之執，歸入寂滅，又如日月一般，無暗處不照，是名「即中」（中觀智）。

雖然沒有空假的執著，又有雙照空假的智慧，故觀照外相粗色因緣時，名「肉眼」；觀照細色因緣時，名「天眼」；觀照色因緣是「空」時，名「慧眼」；觀照色因緣是「假」時，名「法眼」；觀照色因緣即是「中」（中道實相），名「佛眼」。

五眼於一心中具足者，不是凡夫膿血肉眼，也不是諸天所得的天眼，也不是二乘沉空的慧眼，也不是菩薩善分別眾生的法眼，但以佛眼能具足五力[21]（眼），如眾流入海，自然五眼融合為一。故，佛問善吉說：如來有五眼否？善吉（須菩提）言：有。《請觀音經》說：五眼若具足，能成就菩提。故，三觀於一心中具足，名「無滅修」；以一眼具足五力，是名「明白知見如來之入門處」，即是圓證也。五眼與六根亦皆能以十乘觀法作觀修，在此略過。

【註】

1 頂墮：即從原有的階位退墮下來。修道過程中，從凡夫、聲聞、緣覺、菩薩都有頂墮的情況。如果菩薩沒有方便權巧行六波羅蜜，入空、無相、無作的三解脫門，愛著諸功德法，於五眾無常、苦、空、無我、取相心著，不能上菩薩位亦不墮聲聞辟支佛地，是為菩薩頂墮。

2 四重五逆：四重罪即殺生、偷盜、邪淫、妄語。五逆罪於小乘所說為害母、害父、害阿羅漢、惡心出佛身血、破僧等棄壞恩田、福田之五種罪業；大乘所說一為破壞寺塔，二為毀謗聲聞、緣覺、大乘法，三為妨害出家人修行或殺害之，四為犯小乘五逆之一，五為否定業報而行十不善業或教唆他人行十惡。

3 三三昧：即空三昧、無相三昧、無願三昧，三昧是定的意思。空三昧是觀察世間的一切法都是緣生的，也都是虛妄不實的；無相三昧是觀察世間的一切形相都是虛妄假有；無願三昧又名無作三昧，即觀一切法幻有而無所願求。

4 執於頂法謂之「頂墮」，亦稱「似見道位」，謂之「法愛」。頂法，於動搖不安定之善根

（動善根）中，生最上善根之絕頂位，乃不進則退之境界。

5 薩婆若：華譯為一切種智，就是諸佛究竟圓滿果位的大智慧。

6 無生忍：謂一切諸法自性空寂，本來不生，菩薩證忍此法則能出毀犯禁戒之罪。

7 寂滅忍：是果位聖人徹證涅槃寂滅之境界，動靜二相皆契如如。

8 首楞嚴三昧：即堅固攝持諸法之三昧，為百八三昧之一，乃諸佛及十地之菩薩所得之禪定。

9 大白牛車：《法華經．譬喻品》所說的三車之一，對於聲聞乘之羊車，緣覺乘之鹿車，而以大白牛車譬喻佛乘也。

10 四正勤：未生善令生，已生善令增長，未生惡令不生，已生惡令斷。

11 四無礙辯：(1)法無礙：於教法無滯。(2)義無礙：知教法所詮之義理而無滯。(3)辭無礙：於諸方言辭通達自在。(4)樂說無礙：以前三種無礙之智為眾生樂說自在。

12 四如意足：又名四神足，原係四種禪定，謂修此四者則能如意開發神通。(1)欲如意足：謂修道趣果的欲望增進。(2)念如意足：謂念念一心，住於正理。(3)進如意足：謂精進直前，功無間斷。(4)慧如意足：謂真照離妄，心不散亂。

13 七覺支：(1)念覺支：心中明白，常念於禪定與智慧。(2)擇法覺支：即依智慧能選擇真法，捨棄虛偽法。(3)精進覺支：精勵於正法而努力不懈。(4)喜覺支：得正法而喜悅。(5)輕安覺支：指身心輕快安穩。(6)定覺支：入禪定而心不散亂。(7)捨覺支：心無偏頗，不執著而保持平衡。

14 五品位：〈法華分別功德品〉所說：(1)隨喜品；(2)讀誦品；(3)說法品；(4)兼行六度；(5)正行六度也。

15 常行三昧：又稱般舟三昧。即以九十日為一期，身常旋行繞佛，口常念阿彌陀佛，心亦常想念阿彌陀佛，以見佛為其目標。

16 半行半坐三昧：有(1)方等三昧，以七日為一期，誦持陀羅尼咒，觀實相之理。(2)法華三昧，以三七（二十一）日為一期，修行六根懺悔、誦經、坐禪等。

17 銅輪位：圓教初住。因相似觀力，入銅輪位，初破一品無明，入於聖位，開寶藏顯真如。證圓教初住，名發心住。

18 《彌勒相骨經》：藏中闕本。概引《菩薩處胎經》中〈五道尋識品〉文。

19 菴羅果：味甘，溫。食之止渴，動風氣。亦屬梨子之類。

20 五眼：肉眼，為肉身所具之眼。天眼，為色界天人因修禪定所得之眼，此眼遠近前後，內外晝夜上下皆悉能見。慧眼，為二乘人之眼，能識出真空無相，亦即能輕易洞察一切現象皆為空相、定相。法眼，即菩薩為救度一切眾生，能照見一切法門之眼。佛眼，即具足前述之四種眼作用，此眼無不見知，乃至無事不知、不聞，聞見互用，無所思惟，一切皆見。

21 五力：指信力、進力、念力、定力、慧力。

觀煩惱境

《摩訶止觀》十境中的第二境「煩惱境」，佛教的教學中，希望眾生能獲得解脫，其重要的命題即是「煩惱的對治」。歷代祖師應用各種修道方法以對治五陰、十二入、十八界所引發的煩惱，此乃修學佛道、去除邪惑，以菩提心作為力量的根本緣由。

首先，總述觀煩惱境的意義與重要性。煩惱境中所指的「煩惱」，指修觀之時，所生起的貪瞋皆極為猛烈，難以制伏，並非平常的煩惱。於此煩惱現象出現時，行人可將原先所觀陰入界境轉而觀煩惱境，觀此煩惱境為不思議境，並配合十乘觀法而修之。

修習止觀時，如果在「陰入界」境時，無法獲得開悟，則表示觀法對自己的根器並非是適合的，若勉強作觀就會牽動煩惱，使貪瞋的煩惱現前，這時應該捨棄「陰入界」的觀法，而轉觀煩惱境。

修觀之前的「二十五方便」已經知道煩惱的過患，要「呵五欲」、「棄五蓋」，故觀「陰入界」的果報，以求平等安穩的心境。修觀之時，假若於觀中反而生起嚴重的貪瞋煩惱（不同於一般的貪瞋煩惱）就必須要轉換觀法。如鐵不能與火相應合的話，鐵就會生鏽變黑，鐵若能與火相應合，火花就會很強盛。

又，一般的五蓋煩惱很容易看得見，隨時都有，假使煩惱已生起了，要制止恐怕就很難了。為什麼？平時，雖起瞋心，經過別人勸導、說明，就能止息，今從修觀之中所發的煩惱相，如同咆哮的海浪令人害怕，乍起、乍滅的生起顛倒想；今於修觀中所發的煩惱相，是繁盛、愁悶不易除去的。一般的色欲生起時，還能控制抑止，今於修觀中所發起的欲望是無法抑制的，縱然是死馬也來不及揀擇，何況是活的牲畜？

修觀中的煩惱惑是由內心生起的，來勢強盛。譬如流水，不覺得它急速，假使將木頭投入水中，水花就會四處濺起。又如健康的人，平時不知他有多少力量，一旦觸犯他時，才知其怒盛力壯。煩惱是潛伏於心中，平時若有若無，不易察覺，透過各種修持懺悔，觀照五陰、十二入、十八界時，如觸動睡獅子一般，易使潛伏的煩惱如獅子咆哮般震天動地。

修習止觀中，容易牽動過去潛藏的煩惱，若不能識知其相貌就容易再造惡業，如不修止觀，更會增長惡業，墮入黑暗的深坑，無法解脫，因此，必須觀煩惱境以破除煩惱障。觀煩惱境分成四項：一、說明煩惱境相；二、煩惱生起的因緣；三、煩惱的對治方法；四、如何於煩惱境中修習止觀。

一、說明煩惱境相

什麼是煩惱？煩惱是使人昏煩之法，會惱亂吾人的心神。又，煩惱（三毒）會亂心，使人煩躁，令心神憂惱。即是所謂的見思二惑，有利、鈍的分別。先說明見惑、思惑的區別：

見惑，為見道所要斷除的煩惱。小乘說三界見惑共有八十八種，稱為見惑八十八使，其中貪、瞋、癡、慢四種惑與思惑相通。

八十八者，於一切煩惱中貪、瞋、癡、慢、疑、身見、邊見、邪見、見取見、戒禁取見之十惑，名為本惑，其餘皆稱隨惑。

而身見、邊見、邪見、見取見、戒禁取見等五見，是迷於「理」而起的煩惱，其性極猛利，故稱「五利使」。貪、瞋、癡、慢、疑等五者，是迷於「事」而起的煩惱，推求之性鈍拙，故稱「五鈍使」。此五鈍使與思惑（以貪、瞋、癡、慢、疑五鈍使為主體，三界共有八十一品）的內容是相通的。這十惑的利鈍之別乃一般的分法。

從修觀的角度來說，未發禪定的時候，雖有世間的世智辯聰，但對出世間的（智慧）見解薄弱，於十種的煩惱（五利使與五鈍使）的了知都屬於鈍，假使因為禪定而引發出世間見解，見心猛盛，對於十種煩惱都能感受了知，皆屬於利。

又，有兩種學人：一人體會一切法的意義，論諍心非常強；一人是理解語言的意思，論諍心則弱。依語言要發禪定是不可能的。體得一切法，引發禪定之後，而生起見惑，即第七「諸見境」所要觀照的，此定發起時，生起煩惱，此為「煩惱境」觀照的內容。

仔細分析五利使、五鈍使總有八萬四千煩惱，從類別可分為：等分、覺觀多、散動、報散動等四分，此四分皆會障礙禪定。

從利鈍的角度而言，總說煩惱有八萬四千，其類別可分為四分：等分、覺觀多、散動、報散動。三毒各別發時，有貪、瞋、癡三分，若同時緣三種煩惱境時，名為「等分」；對於三毒，各別生起其中一種時，稱為「覺觀」；若三毒同時生起，即稱「覺觀多」。在三毒的煩惱中，或多或少的生起都有所緣，皆稱為「散動」，都會障礙禪定的生起。

雖然有三毒的煩惱根，但因為沒有對境，所以煩惱不會生起，此時稱為「報散動」，則不會障礙禪定。

《大品般若經》：「從滅受想定起，進入散心中；又從散心中起，入滅受想定；滅受想定起，還入散心中。」這是說明三毒跟特定的所緣境不會障礙禪定的現象。

依《成實論》而言：「此四分煩惱皆屬散亂，但散亂中，大部分與無知相應，而不說此四分煩惱皆會障礙禪定，真正障礙修持禪定的是癡。」

有人質疑這種說法，提出四分中都與愚癡相應，為什麼不會障礙修習禪定？（因為四分煩惱既然與癡相應，因為愚癡才會有瞋、貪欲，為何瞋與貪欲不會障礙禪定？唯獨說愚癡？）

這是隨人的根機因緣而說的，若是貪欲重的，貪即是蓋（覆蓋，較重的煩惱），瞋與愚癡的情況也是如此！若是嚴重的煩惱蓋才會障礙修習禪定。

但煩惱的相貌非常廣泛難以說盡，但現在只就四分煩惱來說，此四分煩惱會妨礙於修觀。《法華經》云：「二十年中，常令除糞。」糞即是煩惱，汙穢法也。因為見思惑未除，根機尚未純熟，所以二十年中常令除糞。破除見惑時，只用一無礙、一解脫就可以了；破除思惑用九無礙、九解脫[1]，方能破除，總共合為二十。

若是於其中（見思惑）住著，終究不能使心清淨，現在觀煩惱糞的目的是為了求「智慧財」，不是想要分別見思煩惱的種種情況。

此四分煩惱若於三界內斷除，是二乘聲聞、緣覺所共斷，稱為「通煩惱」；若是三界外的四分煩惱，是獨菩薩所斷，名「別煩惱」。

二、煩惱生起的因緣

煩惱生起的因緣有三：習因種子、業力擊作、魔所煽動。煩惱生起的相狀有四：

深而不利、利而不深、亦深亦利、不深不利。所謂「深」是指接觸外境時，不斷生起煩惱，無法遮止；所謂「利」是指煩惱不斷生起，生起的都是深重的煩惱。

四種煩惱為：

1. 深而不利：煩惱不斷增大，很難遮斷。
2. 利而不深：指不同的煩惱同時生起。
3. 亦深亦利：煩惱的生起是深重的。
4. 不深不利：一般的果報相是不尋常的。

生起煩惱的因緣是：

1. 習因種子：無量劫以來的過去世到現在，因煩惱的累積而成為心中煩惱的種子，幾世煩惱的相續熏習，於身中如流水般奔流不息而不自覺。行人的煩惱流是生死苦海的根源，不易察覺了知，若修三十七道品，可拆諸煩惱流而日積功德。

2. 業力擊作：無量劫以來的過去世到現在，無數的惡業造成今世受到人的怨責，有此惡業故須修道出離。惡業生起時，能破壞觀心，使善法無法依存，如同安靜的流水是無法察覺其流動的，除非暴風生起時，浪如高山，縱然放入帆舵也會破壞船隻，此時應一心決斷，正身口帆，則正觀船，免被業力所敗壞，通過煩惱河，至涅槃岸。

3.魔的煽動：魔的行為是動亂、不行佛道的。魔王有十種魔軍，《大智度論》：「欲是汝初軍，憂愁軍第二，飢渴軍第三，愛軍為第四，第五眠睡軍，怖畏軍第六，疑為第七軍，含毒軍第八，第九軍利養、著虛妄名聞，第十軍自高，輕慢於他人。」這十種魔軍不斷的生起深重的煩惱，如大海的水，雖然沒有風的吹動卻奔流不停，如摩竭魚（意為大魚）吸水，萬物為其所吸，無力抗拒，此時，專誦諸佛名號，可脫離魔境。

以上所說，是觀習氣鼓動煩惱的情況，即是「觀煩惱境」所要觀照的。

三、煩惱的對治方法

煩惱的對治有大小乘的不同。小乘對治煩惱是以對治、轉治、不轉治、兼治、具治等五種方法，共同對治四分煩惱；而大乘是以「第一義悉檀」來對治。所謂的四分煩惱指覺觀、貪欲、瞋恚、愚癡。以下依次說明：

小乘的對治法

（一）對治

1.覺觀的對治

(1)明利心的覺觀對治：以數息來對治。因為於禪修中，所緣的三毒境相清楚明了，這時以調和呼吸來對治散亂的心。

(2)半明半昏的覺觀對治：以隨息對治。因為修禪定時，隨所緣的境相，有時清楚、有時昏暗，煩惱念頭清楚時，妄想卻無法止住，煩惱念頭思惟不清楚時，心念又如同無記般沒有任何感覺，故以隨息的方式使呼吸轉細，呼吸細了，心就細了。隨細息的心出入，能知息的長短，就能破除昏沉了。

(3)昏沉中的覺觀對治：以觀息對治。禪修時，雖然心中昏暗猶如睡眠一般，但在昏沉不清楚之中，妄念又不斷的生起，這就是昏沉心中的覺觀相。此時，觀察息出入時，入息從何來？中間又經過何處？入息又何處去？出息時也是如此觀察。追求呼吸的根源中，發現呼吸的分散或聚集皆無定相，以清明的心觀照呼吸，自能破除昏沉，靜心的呼吸能對治散亂。

2.貪欲的對治

對治多病的貪欲，以不淨觀來對治，也有三種情形：

(1)外貪欲煩惱對治：以九想觀治之。禪修時，對於男女的容貌、形相、言談、音聲思念不已，隨此貪欲，煩惱心就念念不斷，這是外貪欲相。此時，應以九想觀（青瘀想、膿爛想、蟲啖想、膨脹想、血塗想、壞爛想、敗壞想、燒想、骨想）觀察人體死屍的九種醜惡相狀，以斷除迷於欲望的念想。

(2)內外貪欲煩惱對治：以八背捨對治。禪修時，欲念心發，有時會緣想男女的容貌、形相、音聲而起貪戀，有時會緣想自己的形相、面貌，摩頭、擦頸以沾沾自喜而念念染著，貪愛不止，這就是內外貪欲煩惱相。此時，要用八背捨（八解脫）捨棄貪著的心，依八種定力而捨棄對色界與無色界之貪欲。

(3)遍一切處貪欲煩惱對治：應以大不淨觀對治。禪修時，不但愛戀男女及自己形貌，連世間五塵、田園屋宅、衣服飲食等的資生物質都貪著不捨。此時，要觀修男女、自身、田園、屋宅、衣服、飲食等所有之物皆是不淨，即能厭離一切處貪的執著。

3.瞋恚的對治

瞋恚煩惱以慈心觀對治，也有三種情況：

(1)邪瞋的對治：以眾生緣慈（與樂拔苦）來修。禪修時，忽然生起瞋恚的覺受，不問有理或無理或有沒有人侵犯你，莫名其妙的生起瞋恚心。此時，應觀想不僅要使一人快樂也要讓所有人快樂，連對有怨心的人也要使他們快樂，如此觀修，對眾生的瞋惱怨害自然破除。

(2)正瞋的對治：以法緣慈來對治。禪修時，產生瞋恚心而念念相續，好像持戒的人見到別人不如法就會生起瞋恚心一般。此時，要以法緣慈（領悟無我的慈悲）來觀修，觀五陰是虛假的，故無真實我人的存在，觀受是無我的，故無真實的苦樂，如此自能息滅是非分別的瞋心。

(3)諍論瞋的對治：遠離差別的見解，以絕對平等的無緣緣慈來修。執著自己所理解的佛法是正確的，別人所說所作的都是不對的，只要與自己想法不同就產生瞋恨心。此時，修無緣緣慈時，言語道斷，心行處滅，不憶念一切法，能夠做到不憶念一切法的話，諍訟的瞋恚心就不會生起，即能平等、清淨的給予眾生樂，如此觀修，諍論之瞋心自然破除。

4.愚癡的對治

愚癡多病，以十二因緣觀對治，也有三種情況：

(1)斷常的癡病：執著邪思惟，推尋過去世的我、現在的我及一切的現象是有還是沒有？是常還是斷？如果，認為過去的我已滅，現在的我與一切的現象，也會如同過去世的我一樣消失滅盡，如此思惟即會墮入斷見網中。假使，認為因有過去世的我才有今世的我，現在的一切現象也是實際存在的，如此思惟即會墮入常見網中。對此常見、斷見，應以三世十二因緣觀來對治。

愚癡多病，第一種情況「計斷常的癡病」要以三世十二因緣對治。墮入執著我的常見與斷見，應該思惟：因過去「無明、行」的造作，才有現生「識、名色、六處、觸、受」的身心，由於今生「愛、取、有」的造作，才會有來生「生、老死」，故人的生命非指一生而已，亦非固定不變的。

(2)計有無的愚癡病：邪念思惟生起有我、無我、有陰（五陰）、無陰的分別時，以果報的十二因緣對治。

所謂「果報十二因緣」是單指今生的因緣。從現在的歌羅邏（受胎後的七日間）時的無明開始，才有今生的老病死及現生五陰、十二入、十八界等現象的產生。歌羅邏時，是命（壽命）、煖（體溫）、識（分別）等三事和合，稱為「無明」。而此因緣的形成是沒有主宰性與自性的，若了知十二因緣的形成也是空無自性，自能破除空有二見，此是破除因成假（一切有為法的因緣成立是假合而有）執著的煩惱惑。

(3)世間性的愚癡病：禪修時，覺得一切微塵是實有的，因實有微塵，所以有四大，因有四大的和合才有假名的眾生及一切世間萬象，如是思惟產生我見，因此利智辯才能問能說、貢高我慢、與人諍競是非。以觀「一念中具足十二因緣」來對治，行人若深入觀修時，發現一念之中具足十二因緣，十二因緣於一念中生，自能破除執著世間性的邪癡，此是破除相待假（大小、長短是相對的，沒有一定的絕對性）的煩惱惑。

（二）轉治

煩惱的轉治法可分：藥病俱轉、病不轉藥轉。

1.藥病俱轉：一般以不淨觀對治貪欲。當不淨觀修成後，則見一切皆屬不淨，因此厭惡自己所面對的一切，瞋心因之而生。此時應令他脫離「不淨觀」轉入修習「慈心觀」，對治不淨觀所引起的瞋恚心，讓行人獲得淨法的安樂，是名「藥與病俱轉」。

2.病不轉藥轉：如修不淨觀來對治貪欲，但無法轉化貪欲時，應轉修慈心觀。菩薩面對男女之相皆如自己父母子女，則自然生起愛心，而破除貪欲之煩惱。

（三）不轉治

1.病不轉，觀亦不轉：如修不淨觀時，仍然貪心不息，可再取膿血爛壞等相來觀照。觀一人貪心不能止息，可觀十人乃至一村、一聚落都是汙穢不淨，貪心自然止息。

2.病轉，觀不轉：如修不淨觀時，於修觀中見種種汙穢相而生起瞋心，此時在不淨觀中更取不淨相來作觀，瞋心自會消除。

（四）兼治

病兼、藥亦兼，名兼治。即一種病用一種方法對治，兩種病就用兩種方法對治，就叫兼治。如患有貪欲病，同時又有瞋恚病者，修不淨觀的同時，要兼修慈心觀方能對治。

（五）具治

即用上面所說的方法共同對治一種病。譬如有人同時有貪欲與瞋恚的病，因貪欲病重、瞋心病輕，只要用不淨觀就可以對治。

以上五種對治方法：對治、轉治、不轉治、兼治、具治為小乘對治煩惱法，然後再用四聖諦的智慧使行人悟見真諦理。

大乘的對治法

以下，大乘以「無生」法來遍治一切煩惱。

大乘教法以「第一義諦」來對治煩惱，如阿竭陀藥（不死藥）能治眾生病。小乘多用世界悉檀、對治悉檀、各各為人悉檀等三悉檀為對治法，大乘多用第一義悉檀來對治。於第一義諦的「無自性空」中，誰是煩惱？誰是能對治的法？煩惱也是因緣無自性生，尚無煩惱可得？何況還有什麼東西可轉？既無煩惱所轉，就不用其他對治法了。以「無自生」一藥方就能遍治一切煩惱了。

無生能破罪障，如《觀普賢行法經》云：「端坐念實相，是名第一懺。眾罪如霜露，慧日能消除。」如能正觀實相，通達空性，一切無有自性，自能滅除罪障。又，無生能對治覺觀病，正觀心中，語言道斷，心行處滅，覺觀從何而生？《維摩詰經》：「云何息攀緣？謂心無所得。」當心無所得時，覺觀的心（覺觀的病）自然消滅了，貪欲、瞋恚、愚癡病亦是如此！

以下，以十乘觀法來對治煩惱境。

四、如何於煩惱境中修習止觀

修十乘止觀中，又分思議境、不思議境兩種。思議境屬於事修，不思議境屬理觀。思議境是藏通別三教之對境，不思議境是圓教之對境。首先，簡別思議境的情形：

思議境

以藏教的立場說明貪欲的九界：

地獄：剛開始生起一念的欲心，起初是很微細的，如果不即時遮止，此欲念就會逐漸增長，為了此欲念，貪心無盡，乃至犯四重五逆的重罪，是名「煩惱生地獄界」。

畜生：為此貪欲的因緣不知慚愧羞恥，行為魯莽跋扈觝突，不知禮義，喪失人性，是名「貪欲生畜生界」。

餓鬼：因為貪欲因緣慳吝、愛惜、守護自己財物，對別人也是慳吝不捨，是名「貪欲生餓鬼界」。

修羅：為此貪欲因緣對勝於己者心生嫉妒，猜忌懷疑，常想如何才能勝過他，百般陷害對方，令對方知難而退敗，是名「貪欲生修羅界」。

人界：為貪欲因緣深愛現實物欲之樂，男女婚嫁以禮相聘，過年過節符合仁義，敬人送禮，更為來生的欲樂而受持五戒，是名「貪欲生人界」。

天界：貪欲生起時，了知世間欲樂粗俗，希望求得生天果報，故勤修十善，使自己煩惱妄念任運不起，是觀「貪欲生六天界」。又，觀此貪欲之心能呵棄貪欲達到清淨，即發禪定，是生「色界天、無色天界」。

聲聞：觀貪欲是煩惱的因（集），此煩惱能招眾苦，因厭惡此苦煩惱而修出離，是「聲聞界」。

辟支佛：若觀貪欲是無明，為此無明煩惱而造作各種行為就會三界輪迴流轉，沒有邊際，若欲念停止，無明行為等也皆停止，是為「緣覺界」。

菩薩：若觀此貪欲是障礙（蔽），而生起慈悲而捨離貪欲，怖畏無常，乃至觀欲念是愚癡等而捨離，是藏教的「六度界」。

若觀貪欲，本自不起，今亦不住，將來亦不滅，貪欲即是空，空即是涅槃，是為「通教界」。

又，觀此貪欲心有無量相，煩惱（集）相非單一相，故苦亦無量相，深知根欲性皆因貪欲之心而分別具足，是為「別教界」。

其餘的瞋恚、愚癡、覺觀的煩惱、出生世間諸法也是如此，依此次第生一切法，是名「思議境」也。

之前，闡明「觀欲（望）」時起種種念、種種境均歸於空相，乃藏通別三教之教義屬思議境的範疇。

以下說明「不思議境」的內容：

第一、不思議境

所謂「不思議境」是指介爾陰妄之一念，觀之即空、即假、即中。如《諸法無行經》說：貪欲即是道（無自性故），瞋恚、愚癡也是如此；如是三法中，具足一切佛法。

如是四分煩惱（貪、瞋、癡、覺觀）雖然是道（無自性故）也不能隨緣，若是隨此四分煩惱會使人導向惡道，即使沒有趨向惡道也不能斷惑，即使能斷惑也將成為增上慢（斷滅乃小證，以大乘而言是未得謂得，故為增上慢），所以說「不斷愚癡愛染起諸三明（宿命明、生死明、漏盡明），獲得解脫」乃名為道，愚癡即是無明，無明的實性（無自性空）即是明，不斷愛染而生起八解脫。

煩惱本來有調伏、不調伏的問題。住煩惱中而不調伏煩惱是愚人相，住於煩惱中但能調伏煩惱是聲聞法。而凡夫貪染，隨順四分煩惱累積深重生死，狠戾難以馴服，故名「不調」。二乘（聲聞、緣覺）怖畏生死，如被怨家追逐一般，斷三界惑而出離三界。阿羅漢者，名為「不調」。三界惑盡，無惑可調，如是不調，名之為「調」，如燒焦的種子不能生長，根已敗壞，就沒有用途了。

菩薩與凡夫、二乘就不同了，菩薩面對煩惱是：1. 菩薩於生死中勇於面對，於涅槃中勇於體悟。2. 於生死證無生中，如花在淤泥中出淤泥而不染，又如醫生（佛如醫王，法如良藥，僧如看護）療病，能治療眾生病。3.證入涅槃，不會執著涅槃味，涅槃味即是空，雖證空而不著空，如鳥飛空無痕跡（菩薩斷惑入空，而不住空故）。4.不斷煩惱而入涅槃，不斷五欲而六根清淨，即是菩薩對煩惱的「不住調伏，不住不調伏」意。

菩薩調伏煩惱是調伏、不調伏、非調伏非不調伏、亦調伏亦不調伏而住其中：因煩惱是無自性空，故不調伏；煩惱是假合而有，是名調伏；不住於煩惱之中，是非調伏非不調伏；雙照（異於空有兩邊）煩惱，是名亦調伏亦不調伏。

以上，是解釋凡夫、聲聞、緣覺、菩薩關於煩惱與調伏煩惱的不同。

（一）說明凡夫誤解菩薩對治煩惱的種種過失

今末法時代愚癡的人聽說菴羅果甘甜可口，就弄碎其核，嘗起來卻非常苦，對於菴羅果歡喜期待的甘味一時都消失了，如《大般涅槃經》云：「譬如有人食菴羅果，吐核置地，而復念言：是果核中應有甘味，即復還取破而嘗之，其味極苦，心生悔恨。」

沒有智慧的人，對於煩惱的調伏也是如此，聽聞「非調伏非不調伏，亦不礙調伏亦不礙不調伏，以無所罣礙故，名無礙道」，認為「無礙道」即是無所掛礙，故常常淫欲放蕩，公然造惡，沒有一點羞恥心，與諸禽獸沒有理性一樣。

這種情形如同啖鹽過多，故鹹渴成病，如《大智度論》記載：譬如田舍人，最初不認識鹽，見貴人以鹽巴和種種肉菜中混合來吃，問：為什麼這樣作？貴人告知此鹽能令東西美味可口。此人就想此鹽能令東西美味，本身一定很好吃，便捉鹽滿口食之，故因太鹹而受到口之苦。經上云：「貪著無礙法，是人去佛遠，譬如天與地。」

此人行於非道（貪、瞋、癡）卻希望能通達佛道，此是自我壅塞，等同粗鄙的凡夫一般。這是住於不調伏中，不是真正的「不住不調」（菩薩境）也。

又有一種行人聽到「不住調伏，不住不調伏」就畏懼，恐怕落於兩邊，自己戒慎其事的競持著心念，想要修習中道觀的智慧以斷破二邊執，這樣的人無法體會「貪欲即是道」的無自性空道理，認為要斷除貪欲後才是道，這是「住調伏心」（住於煩惱中而調伏煩惱），不是真正的調伏心（煩惱）。

乃至初學中道觀的行人，雖斷除貪欲，卻不能真正獲得利益，主要是對煩惱本空的實相義不能了解，故調伏與不調伏都是凡夫之見。

縱然是求取中道義，但是還離不開凡夫見的範疇，為什麼？

煩惱即空故，所以是「不住不調伏」；煩惱即假合而有，故「不住調伏」；煩惱即是中道，故「不住亦調伏亦不調伏」；而雙照煩惱，故是「不住非調伏非不調伏」。如左圖：

煩惱即空——不住不調伏
煩惱即假——不住調伏
煩惱即中——不住亦調伏亦不調伏
雙照煩惱——不住非調伏非不調伏

對於調伏煩惱的各種相狀而言，若能如是體會，通達「貪欲本無即空」的道理，即是調伏煩惱，名為「無礙道」。如《華嚴經》云：「一切無礙人，一道（無自性空）出生死。」

（二）如何出離生死？

有時體會、通達貪欲是無自性空，畢竟清淨，沒有束縛、沒有愛染，猶如虛空一般，即能豁然出離生死，是名「住調伏得益」。

或者，有時縱觀此心貪欲的本末因緣，何種是病？何種是藥？如：和須蜜多淫女，凡有眾生親近於她，一切皆令遠離貪欲，入菩薩一切智地現前無礙解脫。如是作觀時，豁然出離生死，是名「住不調伏得益」。

或是「不著於調伏與不調伏煩惱」中獲得離貪的利益，或是「觀察調伏與不調伏煩惱」中獲得離貪的利益。

法性本來既有，非修才有，於菩薩法無所損減，於四悉檀[2]中可自行斟酌應用。

調伏煩惱中，不管是用巧度或拙度的方式，都是為了使人獲得利益。如：喜根比丘為諸居士說巧度（菩薩）法，皆令獲得無生忍，勝意比丘行拙度（聲聞）法卻無收穫（不能證悟）。

後來，勝意比丘遊諸聚落時，聽聞喜根比丘說「貪欲即道」的菩薩法，而瞋恨喜根比丘為何要說這種障道法門？因勝意比丘未得音聲陀羅尼，聞佛說便歡喜，聞外人說便瞋，聞三善則喜，聞三惡則瞋。

喜根比丘作是念：此人（勝意）生大瞋心，乃惡業所覆，當墮地獄獲大罪，我應當為其說深法，作後世得度因緣。一時，喜根比丘說偈言「淫欲即是道，恚癡亦復然」等，當時，三萬天子及八千聲聞皆得解脫，勝意比丘即時身陷入地獄受千萬億歲苦。

從菩薩善觀四悉檀的因緣來說，不管是自己或他人，現前獲益或是久遠以後才受益，調伏煩惱或不調伏煩惱，或不執著煩惱而能調伏煩惱，或不執著煩惱也不調伏煩惱，都沒有缺失；若能隨因緣、時節、根機不同，以四悉檀分別運用，即能使人獲益。若不能把握四悉檀（隨因緣、隨人、隨病、隨第一義諦說法）的應用就容易引起愛執，對他人生起譏毀、傲慢，不但妨礙自己也妨礙他人成就無礙的解脫道！

（三）成不思議境

若一念煩惱心生起時，能具足十界百法[3]，互相不妨礙；雖多法界於一心也不會覺得「有」，雖只是一念也並非沒有「無」；雖多法界卻不會成「積」，雖一念也不會成「散」；雖多法界彼此沒有差「異」，雖只是一念也沒有不相同；多即是一，一即是多。

經上說：黑暗中的樹影，因黑暗而看不見，但天眼能看見，是為黑暗中有光明。譬如無明中有法性明，但非肉眼、天眼、慧眼、法眼所能見，煩惱之體性（空）本不思議，非一般二乘或權教菩薩所能理解，今顯示煩惱即是法性，故知黑暗的體性與明的體性是不二的（法性相同），故名不思議境。

不可思議境即是不受、不著、不念、不分別。對於新生起的煩惱「不受著」，對於過去的煩惱「不執著」。對於煩惱，內心不取相，名「不念」；外在不取相，名「不分別」。如此殊妙智慧觀照明朗，故名「不思議、不相妨、不相排斥」。如次頁圖：

新起者——不受
舊起者——不著
不內取——不念
不外取——不分別

此中，無明譬如「舊起」，中道智慧譬如「新起」，理性為內，諸法為外。若是以十二因緣、六根、六塵為新、舊等分別，自是三藏教及通教等意涵，故觀煩惱黑暗即是大智慧光明，顯佛菩提，則煩惱永遠斷盡也。

已說明十乘觀法中第一「觀煩惱是不思議」的內容，以下是其他九乘觀法的說明：

第二、起慈悲心（明發心）

如是「觀煩惱黑暗，即是大智光明」時，不再有追悔而傷心，當下應生起愍念眾生的慈悲心，為什麼？因為煩惱、菩提的理體（空性）是清淨、無分別的，不是凡夫眼中明與暗分別。

凡夫因對真理實相（空性的理體）不了解，而生起煩惱，故有苦、集的「暗」，了解煩惱對治的方法，故有道、滅的「明」（去除煩惱後的光明）。

從凡夫迷惑世間苦和集「暗」的角度，故生起拔除眾生苦的悲心，從道與滅的「明」，故應發起使眾生歡喜的慈心。發大慈悲的大誓願心隨煩惱境同時生起，這是從無作四諦[4]的角度而發四弘誓願。

第三、巧安立觀

為圓滿成就大誓願故，必須付諸實踐，修行之要領莫過於修行止觀。能體會通達四分煩惱[5]的當體即是空，是名「體真止、入空觀」也。

觀各種煩惱是藥、是病，而隨緣對治，是名「隨緣止、入假觀」。觀各種煩惱與真理實相是無二無別，是名「息二邊分別止、入中道觀」。

這是善巧安心，修此三止三觀成就介爾陰妄的一念心，具足成就三眼三智[6]也。

如左圖：

觀四分煩惱
- 體之即空—體真止—入空觀
- 藥、病法—隨緣止—入假觀
- （煩惱）同真際—息二邊止—入中道觀—一心成就三眼、三智

第四、破法遍

假使尚未開發三眼及三智，一定要遍破一切障礙。此時，觀四分煩惱，念念是空、是假、是中，彼此沒有自、他、共、離、單、複的分別，具足此觀照之法能制止見思惑的生起。善知眾煩惱病，當下的實相即是對治的藥方，就不會生起無知的識分別。了知煩惱、實相，不執著真理空性，又不執著緣假（世間相）而有，能制止無明的生起。如此，能遍破橫、豎的煩惱。

第五、明識通塞

了知若於即空（真諦）中反生執著，即是苦集，是名「知塞（了知障道）」；通達苦、集煩惱的實相，是名「知通（了知通達真理之路）」。了知若於各種法藥中反生執取，即是病，是名「知塞」；能了知各種煩惱病之原理即是藥方，是名「知通」。執著於法性，是為無明，名之為「塞」；能轉無明（煩惱），當下即是明，名之為「通」，此乃說明通破一切無明煩惱。若於空假中反生執著，謂之「知塞」，若能如實通達，謂之「知通」。

第六、道品調適

此為觀煩惱時而修助道品。若作觀時，四分煩惱心起，即是汙穢五陰（生起見、愛的心），生起一陰的妄心就會生起無量陰（名色有無量種類故）的煩惱，受、想、行、識也是如此無量。

若能體會、通達無量陰，當下是無自性空，就能破除凡夫的顛倒，成就小枯樹

（枯，乃煩惱滅除的相貌）；若能了知諸陰因緣所生，即是「假」，能破除二乘的顛倒，成就大榮樹（榮，乃菩薩的假觀修持）；若能了知諸陰即是中道，即能廢除枯榮的教法，使空有二邊見寂滅而進入大涅槃，乃至開發三解脫門（空、無相、無作）入清涼池（解脫的境界）也。

第七、明對治

修道時若是遇到障礙，就應修持相關助道法門，以對治遮障。既然了解煩惱生起的相貌，便應該找尋對治法門以協助修道，因有各種不同煩惱惑，故對治法門也有許多不同。

對外生起貪欲時，修九想的不淨觀來對治；內心生起貪欲時，以八背捨觀想身內不淨、骯髒來對治；內外貪欲同時生起時，以八勝處等觀一切相皆不淨來對治。不問是非道理，無故而發瞋恚，以觀眾生作己親人想的「眾生緣慈」來對治。為外人所惱而生瞋恚（見非法者而生瞋恚），故觀世間諸法及眾生空乃至涅槃亦不可得的法緣慈來對治。

於諸法執著自性是實有的，或是執著方便以破壞實相，或是執著實相而捨棄方便，以無緣緣慈之自性本淨來對治。

執取斷見、常見而破壞因果時，以三世（過去的無明才有今生的我，今生善惡造作影響來生因果）因緣觀來對治；執著我與人時，以二世因緣觀（過去無明才有今生的我，現世的五陰也是因緣和合而生）對治；執著自性是實有的，以一念中具足十二因緣觀對治。

明利的覺觀生起時，以收攝身心的數息觀對治；昏沉生起時，以觀息提起正念來對治；半沉半明覺觀生起時，以隨息觀對治，修這些助道法門能開闢解脫涅槃門。

第八、知次位

未開涅槃門之前，獲得其中一種的解心就能獲得一種的禪定，此時應好好思量為什麼會有這樣的境界？不要妄把草木瓦礫當作是琉璃珠，假使是獲得禪定的境界，要審量此時是什麼樣的煩惱滅除了？是滅除見惑還是滅除思惑？或是滅除無明惑？

千萬不要什麼階位都沒有就妄言已證得，猶如一般老婆的叫聲，毫無意義而濫擬生死，以為是涅槃，又好像怪鳥作空空聲，豈得胡亂濫說是與重空三昧[7]相同！這是未能認識修道階位，都還未與觀行位[8]、相似位[9]相應就濫貪說已達上位，這是行人要審思的！

第九、明安忍

若內外障礙生起時，應當要安忍。若不能忍即是敗壞菩薩，若是能安忍不動即能成就菩提薩埵，獲得相似的禪定與智慧。

第十、明離愛

若得相似的禪定與智慧，是不可以生起對法的愛著，若生起法愛會妨礙獲得真道，假使沒有退墮的話，就能自在無礙，如風行於空中一般，進入銅輪位（十住位），破除無明惑，成就無生法忍。如《法華經》所說：「獲得大白牛車，其車高廣眾寶莊校，又多僕從而侍衛之，若乘此寶車（乘）能直至道場。」

在「離法愛」中，若得相似的禪定與智慧，不可以生起對法的愛著，若生起法愛會妨礙獲得真道，故一切諸法都不出十乘觀法的範疇，故以十乘來標示。

總結

此四分煩惱的內容具足一切佛法，亦稱為「行於非道，通達佛道」，又名為「煩惱即是菩提」，或稱「不斷煩惱，而入涅槃」。

廣說異名

若是廣說「不斷煩惱，而入涅槃」的關係，總有三十六句。但必須先立四句，根本四句即：

（一）凡夫：不斷煩惱、不入涅槃。

（二）無學人（證果聲聞）：斷煩惱、入涅槃。

（三）學人（三果向之前）：亦斷亦不斷煩惱（因為有些煩惱未斷，有些煩惱已斷）、亦入亦不入涅槃（雖入初果或二果或三果，但未真正入四果羅漢而出離三界）。

（四）理：非斷非不斷煩惱（煩惱不是斷與不斷的問題，只因執著而有）、非入非不入涅槃（涅槃也不是入與不入的問題，能了知法性，當下即是）。

以下，用四句來說明：

1. 不入四句

根本的四句，每一句又各開為四句。初四句是：「不斷、不入」，「斷、不入」，「亦斷亦不斷、不入」，「非斷非不斷、不入」。第一項是起惡的凡夫，第二項是修禪的外道，第三項是修禪時生起我見的外道，第四項是落入無記的人。

2. 入四句

其次的四句是：「斷、入」，「不斷、入」，「亦斷亦不斷、入」，「非斷非不斷、入」。第一項是以析法空證悟的無學人（羅漢），第二項是因體法空而證悟的無學人，第三項是兼修析法空體法空兩種的學人，第四項是真理法性冥然，即是所謂入也。

3. 雙亦入四句

第三句的四句是：「亦斷亦不斷、亦入亦不入」，「不斷、亦入亦不入」，「非斷非不斷、亦入亦不入」。第一項是析法空、體法空兩種學人，第二項是析法空的學人，第三項是體法空的學人，第四項是通學、無學人的真理也。

4. 雙非入四句

第四句的四句是：「非斷非不斷、非入非不入」，「斷、非入非不入」，「不斷、非入非不入」，「亦斷亦不斷、非入非不入」。第一項是凡聖共通的道理，第二項是析法空證得的真理，第三項是體法空證得的真理，第四項是析法空、體法空學人共同證得的真理。

以上所說的十六句連根本四句，合二十句入涅槃。如次頁圖：

「不斷煩惱、不入涅槃」等之根本四句演繹成十六句，總共二十句的內容可以看出各項修持的根性，有凡夫、外道、析法空的無學人（以分析的方式體會諸法皆空的道理）、體法空的無學人等。

之前所說是「斷煩惱、入涅槃」的十六句，以下是「斷煩惱、出涅槃」的情況。

根本四句	十六句入涅槃
不斷煩惱不入涅槃	1. 不斷、不入——起惡凡夫
	2. 斷、不入——修禪外道
	3. 亦斷亦不斷、不入——修禪起見外道
	4. 非斷非不斷、不入——無記人
斷煩惱入涅槃	1. 斷、入——析法無學人
	2. 不斷、入——體法無學人
	3. 亦斷亦不斷、入——析、體兩學人
	4. 非斷非不斷、入——真理性冥
亦斷亦不斷亦入亦不入	1. 亦斷亦不斷、亦入亦不入——析、體兩學人
	2. 斷、亦入亦不入——析法學人
	3. 不斷、亦入亦不入——體法學人
	4. 非斷非不斷、亦入亦不入——通學、無學人真理
非斷非不斷非入非不入	1. 非斷非不斷、非入非不入——凡聖等理
	2. 斷、非入非不入——析法證理
	3. 不斷、非入非不入——體法證理
	4. 亦斷亦不斷、非入非不入——析、體學人證理

（一）最初四句

「斷煩惱、出涅槃」等十六句之最初根本四句：第一句「不斷煩惱、不出涅槃」：這是凡夫的情況。第二句「斷煩惱、出涅槃」：這是證得羅漢的無學人。第三句「亦斷亦不斷煩惱、亦出亦不出涅槃」：指初果至三果向的無學人。第四句「非斷非不斷煩惱、非出非不出涅槃」：指真理本身不是斷與不斷、出與不出的問題。

（二）根本四句——不斷四句

根本的四句又各有四句，第一句「不斷煩惱、不出涅槃」。第二句「不斷煩惱、出涅槃」。第三句「不斷煩惱、亦出亦不出涅槃」，此是中根出假的菩薩分斷煩惱，名「亦不出」，復能出假觀，名為「亦出」；若下根的菩薩斷見思惑盡方能出假，故不能說是「亦出亦不出」。第四句「不斷煩惱、非出非不出涅槃」。

一是體法空的聲聞、緣覺。二是從空出假（假觀）的菩薩。三是於體法空中，悟入亦空亦假的菩薩。四是體法空所悟入之真理。如次頁圖：

根本四句
1.不斷煩惱、不入涅槃
2.斷煩惱、出涅槃
3.亦斷亦不斷、亦出亦不出
4.非斷非不斷、非出非不出

（三）第二四句——斷四句

第二句的四句：「斷煩惱、出涅槃」，「斷煩惱、不出涅槃」，「斷煩惱、亦出亦不出」，「斷煩惱、非出非不出」。

一是證得析法空的無學人，輔助佛陀化益眾生。二是證得析法空的無學人，即進入寂滅。三是修習析法空的學人（初果至三果向），能自利利他。四是真理實相。

（四）第三四句——雙亦斷四句

第三句的四句：「亦斷亦不斷（煩惱）、亦出亦不出（涅槃）」，「亦斷亦不斷、出」，「亦斷亦不斷、不出」，「亦斷亦不斷、非出非不出」。一是兼用析法空、體法空的入空菩薩。二是兼用析法空、體法空的出假菩薩。三是兼用析法空、體法空的二乘。四是體法寂靜之真理。

（五）第四四句——雙非斷四句

第四句的四句：「非斷非不斷（煩惱）、非出非不出（涅槃）」，「非斷非不斷、出」，「非斷非不斷、不出」，「非斷非不斷、亦出亦不出」。一是體悟真理。二是體法（空）出假的菩薩。三是體法空的二乘。四是體法入空的菩薩。斷煩惱與出涅槃的十六句內容，如次頁圖：

若將斷不斷煩惱與入不入涅槃、出不出涅槃各十六句，加上兩根本四句共四十句。若入涅槃與出涅槃各十六句，加上四根本句即三十六句。

行人或生疑問：三十六句中，只是三藏教與通教教義，是否也可以通別、圓教義？在體悟法的意義上，是無所不包的。假使要各別論述別教與圓教，也有四門可以分別：其根本四句是「不斷（煩惱）、不入（涅槃）」，空門也；「斷、入」，有門

根本四句	十六句入涅槃
不斷煩惱 不出涅槃	1. 不斷煩惱、不出涅槃——體法二乘
	2. 不斷煩惱、出涅槃——體法出假菩薩
	3. 不斷煩惱、亦出亦不出——體法亦空亦假菩薩
	4. 不斷煩惱、非出非不出——體法真理
斷煩惱 出涅槃	1. 斷煩惱、出——析法無學，輔佛益眾生
	2. 斷煩惱、不出——析法無學，即入滅者
	3. 斷煩惱、亦出亦不出——析法學人，自利利他者
	4. 斷煩惱、非出非不出非——真理實相
亦斷亦不斷煩惱 亦出亦不出涅槃	1. 亦斷亦不斷、亦出亦不出——兼用析、體入空菩薩
	2. 亦斷亦不斷、出——兼用析、體出假菩薩
	3. 亦斷亦不斷、不出——兼用析、體二乘
	4. 亦斷亦不斷、非出非不出——體法冥真
非斷非不斷 非出非不出涅槃	1. 非斷非不斷、非出非不出——體理
	2. 非斷非不斷、出——體法出假菩薩
	3. 非斷非不斷、不出——體法二乘
	4. 非斷非不斷、亦出亦不出——體法入空菩薩

也；「亦斷亦不斷、亦入亦不入」，亦空亦有門也；「非斷非不斷、非入非不入」，即非空非有門也。

之前，談及別教與圓教的四門，其根本四句為：「不斷、不入」，「斷、入」，「亦斷亦不斷、亦入亦不入」，「非斷非不斷、非入非不入」。如左圖：

根本四句
1.不斷、不入涅槃——空門
2.斷、入——有門
3.亦斷亦不斷、亦入亦不入——亦空亦有門
4.非斷非不斷、非入非不入——非空非有門

說明入中道的根本四句，即是以別教、圓教教義分為四門。於四門中：

第一門「不斷」：意指三界外的圓教，是體悟煩惱惑之體性是無自性空，其意義相當「空門」，即是「無所斷的煩惱，亦無所入的涅槃」了。

第二門「斷、入」：指三界外所用的析法空，依次第來斷除煩惱；既然有所斷的煩惱，其意義就相當於「有門」，因為有所斷的煩惱，故名為「有入的涅槃」。

第三門「亦空亦有門」：是兼用析法空與體法空。

第四門「非斷非不斷、非入非不入」：是指析法空與體法空的理體。

於四門中開成十六，也就是以上四門中又各有四門：「不斷煩惱、不入涅槃」，世界悉檀也；「不斷煩惱、入涅槃」，為人悉檀也；「不斷煩惱、亦入亦不入涅槃」，對治悉檀也；「不斷煩惱、非入非不入涅槃」，第一義悉檀也。如下圖：

1. 不斷、不入——世界悉檀
2. 不斷、入——為人悉檀
3. 不斷、亦入亦不入——對治悉檀
4. 不斷、非入非不入——第一悉檀

於世界悉檀中，既然沒有生善、滅惡現象以及所見的理，故名「不入」，其餘三種悉檀的「不斷」意義也是如此。若「為人悉檀」中，既已生善，意義就如同「入」。若「對治悉檀」中，約對治煩惱病的緣故，名之為「入」；不對治煩惱病，故名為「不入」。「第一義檀」中，真理法性是不論入與不入（涅槃）的。

此乃一門中的四悉檀意，其餘三門雖各有差別，但對四悉檀的應用，意義是相同的。

前以四悉檀說明根本四句意義，現開四門廣說其義，更一一門，復開四門

又於四門中可以開出四門，即：「不斷煩惱、不入涅槃」，謂空門也。「不斷煩惱、入涅槃」，謂有門也。「不斷煩惱、亦入亦不入涅槃」，謂亦空亦有門也。「不斷煩惱、非入非不入涅槃」，謂非空非有門也。此一門既然可以了解，其餘三門的各個分別也是如此！如次頁圖：

1. 不斷、不出——空門
2. 不斷、出——有門
3. 不斷、亦入亦不入——亦空亦有門
4. 不斷、非入非不入——非空非有門

若能理解這種分法的意義，就可以知道一切法中，所謂大乘義、小乘義、析法空、體法空的意涵。

再者，若如實的觀佛、涅槃、般若，這三者則是同一相；涅槃既然可以演繹成三十六句，般若又如何？假使涅槃即是般若的話，又何必再問？其論證方式皆和斷不斷煩惱、入不入、出不出涅槃是相同的。若從般若的角度言說：根本四句為：「諸法生、般若生」，「諸法不生、般若不生」，「諸法亦生亦不生、般若亦生亦不生」，「諸法非生非不生、般若非生非不生」。如下圖：

根本四句
1.諸法生、般若生
2.諸法不生、般若不生
3.諸法亦生亦不生、般若亦生亦不生
4.諸法非生非不生、般若非生非不生

（一）生四句

根本四句又開四項：「諸法生、般若生」，「諸法生、般若不生」，「諸法生、般若亦生亦不生」，「諸法生、般若非生非不生」。初句是世俗境界發道種智的智慧，第二句是世俗境界發一切智的智慧，第三句是世俗境界發一切智與道種智的智慧，第四句是世俗境界發一切種智的智慧般若。

（二）不生四句

第二四句是：「諸法不生、般若不生」，「諸法不生、般若生」，「諸法不生、般若亦生亦不生」，「諸法不生、般若非生非不生」。初句是勝義的真諦境發一切智的智慧，第二句是真諦境發道種智的智慧，第三句是真諦境發一切智與道種智的智慧，第四句是真諦境發中道的一切種智。

（三）雙亦生四句

第三四句是：「諸法亦生亦不生、般若亦生亦不生」，「諸法亦生亦不生、般若不生」，「諸法亦生亦不生、般若非生非不生」。初句是兩境（世俗諦與勝義諦）雙發二智（一切智與道種智），第二句是兩境共發道種智，第三句是兩境共發一切智，第四句是兩境共發中道的一切種智。

（四）雙非生四句

第四四句是：「諸法非生非不生、般若非生非不生」，「諸法非生非不生、般若生」，「諸法非生非不生、般若不生」，「諸法非生非不生、般若亦生亦不生」。初句是中道境發中道智，第二句是中道境發道種智，第三句是中道境發一切智，第四句是中道境發一切智與道種智。如下圖：

根本四句	十六句入涅槃
諸法生、般若不生	1. 諸法生、般若生——俗境發道種智智慧
	2. 諸法生、般若不生——俗境發一切智智慧
	3. 諸法生、般若亦生亦不生——俗境雙發兩般若
	4. 諸法生、般若非生非不生——俗境發一切種智般若
諸法不生、般若不生	1. 諸法不生、般若不生——真境發一切智般若
	2. 諸法不生、般若生——真境發道種智般若
	3. 諸法不生、般若亦生亦不生——真境雙發兩般若
	4. 諸法不生、般若非生非不生——真境發中道智般若
諸法亦生亦不生、般若亦生亦不生	1. 諸法亦生亦不生、般若亦生亦不生——兩境雙發二智
	2. 諸法亦生亦不生、般若生——兩境共發俗智
	3. 諸法亦生亦不生、般若不生——兩境共發真智
	4. 諸法亦生亦不生、般若非生非不生——兩境共發中智
諸法非生非不生、般若非生非不生	1. 諸法非生非不生、般若非生非不生——中境發中智
	2. 諸法非生非不生、般若生——中境發俗智
	3. 諸法非生非不生、般若不生——中境發真智
	4. 諸法非生非不生、般若亦生亦不生——中道雙發二智

【註】

1 有九無礙、九解脫道：指正斷三界九地之思惑而得解脫。因每一地分九品斷之，每斷一品，就有無礙、解脫道，故每一地有九無礙、九解脫。

2 四悉檀：(1)世界悉檀：即隨順世間之法而說因緣和合之義，亦即以世間一般之思想、語言、觀念等事物說明緣起之真理。(2)各各為人悉檀：略作為人悉檀，即應眾生各別之根機與能力而說各種出世實踐法，令眾生生起善根，故又稱生善悉檀。(3)對治悉檀：即針對眾生之貪瞋癡等煩惱應病而予法藥。(4)第一義悉檀：即破除一切論議語言，直接以第一義詮明諸法實相之理，令眾生真正契入教法。

3 十界百法：十界指佛、菩薩、緣覺、聲聞、天、人、阿修羅、餓鬼、畜生、地獄；又十法界之眾生各具其他法界，十法界乘十法界是百法界，名十界百法。如：人法界亦有佛、菩薩、阿修羅等心性。

4 無作四諦：圓教所說，煩惱即菩提，故無斷集修道之造作，生死即涅槃，故不須滅苦證滅之造作，如此離斷證造作之四諦，故謂之無作四諦。

5 四分煩惱：一指貪、瞋、癡、等分；二指五陰除色陰外，餘受、想、行、識四陰的造作。

6 三眼三智：指慧眼、法眼、佛眼以及一切智、道種智、一切種智。

7 重空三昧：有總、別二名。別者，單指三種三昧中第一種「空三昧」；總者，兼稱無相、無願三昧。

8 觀行位：圓伏五住地煩惱，猶未能斷除見惑，是圓教的外凡位。

9 相似位：圓教的十信之位。於初信位斷除見惑，於七信位斷除思惑，於第八、九、十信位斷除塵沙惑，此是圓教的內凡位。

觀病患境

《摩訶止觀》十境中的第三境「病患境」是由於坐禪中，身心作用所引起的各種病患，此時的病患非依賴醫療來治療，而是要靠自己努力實踐觀行來治療病患。坐禪中，病患多乃因煩惱、業苦所產生的結果，智顗大師不是否定醫藥的治療作用，而是因身心所引起的病患非現代醫藥可以對治。

在此章「病患境」中，智顗大師明白指出身心引起病患的原因及對治法，雖然在智顗大師《止觀》相關著作中，如《次第禪門》、《禪門口訣》、《小止觀》都有具體說明對治禪病的方法，現在於《摩訶止觀》的「病患境」中，就更體系化了。

總說「觀病患境」，所謂觀病患境，是由於之前「觀煩惱境」所引發的病患，其潛在的原因還是不離陰入界境（五蘊身心）的範疇。身心之所以有病，乃因四大性質之間的差異所造成的（四大相違），以及四大相互之間增減導致不平衡所引發的。

〈止觀文〉中比喻四大如四蛇，因性質不同而水火不相容；如鴟（鴟是日出性的猛禽，如鷹鷲類）、梟（不孝的鳥）共同棲息在一起，蟒（大蛇）鼠居住同一穴中；又如毒器、重擔之眾苦，無法主宰[1]，地水火風共相殘害，猶如四蛇同共一篋中，所以，諸佛彼此問候，都會說「少病、少惱。」人身由四大所成，既然有病就須以方便的藥方來治療。

病有二種意義：一是因中實病，二是果上權病。《維摩詰經》中維摩詰居士以眾生病故病，為「託疾興教」[2]，又「菩薩畏因」：因為種了惡因必得惡果惡報，所以菩薩示人「諸惡莫作，是諸佛教」，故稱「因中實病」。「眾生畏果」：眾生害怕惡報，但不知造惡因的可怕，所以不畏因，任隨自己惡行而受惡報，故稱「果上權病」。

今所觀者，是凡夫的業報之身，若因四大違和，就無法安心修行聖道，若能仔細觀察四大、五陰、煩惱等相，當有助於觀境時之心相。

對於修道人來說，長久的生病與遠遊都是修禪定的障礙，因為不容易定心的緣故。在《阿毗曇毗婆沙論》中說：「解脫阿羅漢有五種因緣會退失，一者營事勤勞，二者多誦經，三者諍訟，四者遠行，五者長病。因為這五種因緣容易導致心念的散亂、不善、隱沒（心沉沒）、無記等。若身體有病，就失去修福的機會，也容易造無量罪，因此應觀病患境。

觀察病患，分為五項：一、明病相。二、明病起因緣。三、明治法。四、明損益。五、明止觀。分說如下：

一、明病相

「觀病患境」將病相分為四大病相、五臟病相、六神病相。若懂得醫術的人能了知四大相，一般的診療，上等醫生聽病人的聲音，中等的醫生看病人臉色，下等的醫生診病人的脈。以下簡單說明各種病相：

（一）四大病相

若身體感覺沉重，或有身體組織病變的硬塊及疼痛，導致身體消瘦枯瘠，是地大的病相。若身體全身或局部性虛胖腫脹，是水大的病相。若全身燥熱、關節痠痛、呼吸困難，是火大的病相。若頭暈眩、呼吸道疾病、運動障礙及精神疾病等，是風大的病相。

（二）五臟病相

有關診脈法是醫學的領域，現僅略述五臟的脈相，方能知道如何對治。假使脈搏洪直，是肝病相；脈搏輕浮，是心病相；脈搏尖銳衝刺，肺病相；脈搏如連珠，腎病相；脈搏沉重遲緩，脾病相。又，面無光澤、手足無汗，是肝病相；面青肥，是心病相；面梨（黎）黑，是肺病相；身無氣力，是腎病相；體澀如麥糠，是脾病相。

若從五行相剋、五臟病生，以六氣[3]來對治而言：

1.肺害於肝用「呵」[4]氣治：

若眼睛上有白色東西，令眼睛疼赤（紅），慢慢變成白翳，或眼睛破，或上下生瘡，或接觸冷風淚直流，或癢或刺痛，或睛凹，接觸事情容易起瞋心，是肺害於肝而生此病，可用「呵」氣治之。

2.腎害於心用「吹」、「呼」[5]氣治：

若心微熱、手腳冰冷、心悶少力氣、唇口乾燥傷裂、臍下有癥結、吃不下熱食、冷食又噁心、昏眩好睡眠、多忘、心腫、頭眩、說話遲鈍、背胛瘦緊、四肢疼痛、心力勞累、體溫上升、發熱的情況好像瘧疾，或作癥結、或作水癖，眼如於布絹中視物，能見近不能見遠，是腎害於心，可用「吹」、「呼」治之。

3.心害於肺用「噓」[6]氣治：

假使肺脹胸塞，兩脅下疼痛，兩肩胛痛如負重，頭急、喘氣粗大，只出不入，遍體生瘡，喉嚨癢如有蟲一般，咽不得、吐也不得。或是喉嚨生瘡，牙關很緊；或是引發風病，鼻中出膿血、眼睛昏暗、鼻莖疼痛、鼻中生肉，氣不通，無法分別香臭，是心害肺成病。或是因飲冷水、食熱食，互相抵觸所引發的病，可用「噓」氣治之。

4.脾害於腎用「嘻」[7]氣治：

若百脈不流通，節節疼痛，身體腫脹、耳聾、鼻塞、腰痛、背僵、心腹脹滿，上氣胸塞，四肢沉重，臉上黑瘦，或淋或尿道不通暢，腳及膝發冷，是脾害於腎。又，此病之鬼如灶君，無頭無面，來時就會遮掩人，可用「嘻」氣治之。

5.肝害於脾用「呬」[8]氣治：

假使身體、臉上，風癢𤸷𤸷，通身癢悶，是肝害於脾。色如黃籠桶，如同小孩拍擊雙掌的色澤，或者身如旋風團團轉，可用「呬」氣治之。

（三）六神病相

依一般習俗所說，每一神各守一臟，六根是主要的根本，五陰是身的根本，通於五臟五根。六神病相的內容，依心理狀態來分辨疾病的種類：若人多惛惛、意念不清明，是肝中無魂；若生活中常忘失前後，是心中無神；假使心中多恐怖顛倒，是肺中無魄；假使常悲傷嬉笑不定，是腎中無志；假使心中常煩惱繁繞，是脾中無意；若多愁悵不歡喜，是陰中無精。以上為六神病相，相關五臟之病相，如次頁圖：

二、明病起因緣

說明生病的因緣有六種：（一）四大不順；（二）飲食不節；（三）坐禪不調；（四）鬼神得便；（五）魔所為致病；（六）業起故病。

五臟病相	肝病相	心病相	肺病相	腎病相	脾病相	
五臟增減成病	脈相洪直	脈相輕浮	脈相尖銳衝刺	脈相如連珠	脈相沉重遲緩	
五臟體減成病	面無光手足無汗	面青皅	面黎黑	身無氣力	體澀如麥糠	
五行相剋、五臟病生、六氣治之	肺害肝 呵氣治之	腎害心 吹、呼氣治之	心害肺 噓氣治之	脾害腎 嘻氣治之	肝害脾 呬氣治之	
六神病相	肝中無魂 多惛惛	心中無神 多忘失前後	肺中無魄 多恐怖癲病	腎中無志 多悲笑	脾中無意 多迴惑	陰中無精 多悵怏

（一）四大不順

四大不調是因為外在氣候的寒熱與生活不正常，再加上過度疲勞而超出身體的負荷等所造成。如增火病，其發病過程是由於外在的氣溫上升（外熱）造成體內火大的亢進（助火），也因體內火大的亢進破壞體內的水大，最後產生「增火病」。如果，外在寒冷就會增加水大，水大增加就會影響火大，這是水病。外在的風幫助氣息的流動，氣多了會煽動火，火動了就會影響水大，這是風病。或者是水、火、風等三大增進，直接有害於地大，而產生地大的病。此四大既然已發，眾多煩惱就會陸續產生。

（二）飲食不節

飲食是供給身體養分的來源，而身體得到滋養才能用心修道，但是飲食不當則會造成疾病。油脂多的食物吃太多會造成「地大病」；蔗糖、蜂蜜等甜分高的食物吃太多會造成「水大病」；薑、桂（桂枝或肉桂）等辛辣類食物吃太多會造成「火大病」；多吃梨類食品會造成「風病」；多吃胡瓜則會導致「熱病」。

從治病的角度而言，甘甜的食物或藥物可以治療「熱病」；苦味、酸味與鹹味的食物或藥物可以治療「痰病」；辛辣的食物或藥物可以改善身體的寒冷；鹹味的食物或藥物可以治療「風病」。

又從食五味增損五臟的角度而言，酸味增肝而損脾；苦味增心而損肺；辛味增肺而損肝；鹹味增腎而損心；甜味增脾而損腎。此乃五行互相制約的關係，食用食物可自行斟酌。

(三)坐禪不調

1.怠慢致病

行者在禪修過程中，往往因為姿勢不正確或用心不當而造成疾病。因為行人坐禪時鬆散懈怠（其心怠慢），久而久之則會導致「注病」。「注病」的症狀是脊椎與關節皆會疼痛，是一種很難治的疾病。

若是修習止觀時，心生怠慢、懈怠，而不隨大眾作息，或是坐禪時沒有正身端坐而倚靠牆柱，都會造成持久難治的關節疼痛，這可能是因為不隨眾作息減少身體活動的機會所造成長年的腰痠背痛。

2. 數息不調

習禪過程中，行者有時會引發八種生理的八觸，若是數息引發正確的觸感，對禪修的身心都會有助益，若是觸感不正確，反而會造成生理的疾病。

所謂八觸：心與四大和合，則有四種正觸及四種依觸，合成八觸。「重」如沉下；「輕」如煙上升；「冷」如在冰室中；「熱」如置火舍中；「澀」如挽逆（不滑）；「滑」如磨脂（摩油脂）；「軟」如無骨一般；「粗」如糟糠。

習禪中，因數息不當而引發八觸，此八觸四上、四下。入息順地大而重；出息順風大而輕。又，入息順水大而冷；出息順火大而熱。又，入息順地大而澀；出息順風大而滑。又，入息順水大而軟；出息順火大而粗。若發重觸而數出息，與觸相違即便成病。如次頁圖：

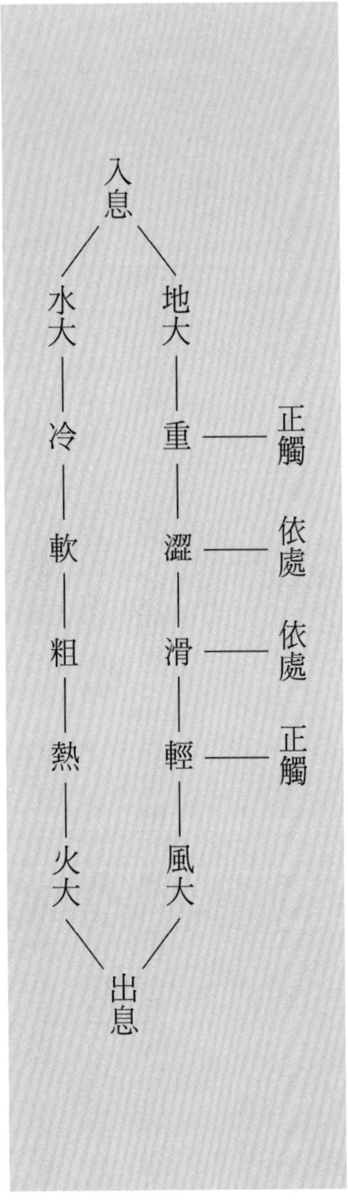

3. 明用止觀不調動病

(1)用止中過分，太增故病：修止時，沒有方便善巧以調和身心而導致成病：若常常將心的所緣境止於身體下方，容易引動地大沉重的病；若常常將心所緣境止於身體上方，會引動風大的毛病；若修止時心念常

常止心			
於下——多動地病	於上——多動風病	急攝——多動火病	寬緩——多動水病

常急躁，會引動火大的毛病；若修止時常常心念鬆緩（懈怠、放逸），會引動水大的毛病。

(2)用觀不調：其次，修觀時，觀法不當，導致偏僻成病。此中，先從五根五臟相生的理由，再說明「相剋、主對」之相。

①修觀生五臟病：五根、五臟生由：從最初投胎時，生起思念的心與母親感應。母親即是「思」的五項（色、聲、香、味、觸），一毫氣動為水，水為血，血為肉，肉形成五根、五藏。

五塵各損一臟：因修觀時，思念多，增損五臟成病。修行觀法時，若是太過於專注在修觀的對象而想要速成，或者被外在環境、身體的觸感所吸引，或者修觀的對象不固定，都會引起四大或五臟的疾病。若念頭多緣色相，多勞動肝；若多緣音聲，多勞動腎；若多緣香味，多勞動肺；多緣各種味覺，多勞動心；若多緣觸覺，多勞動脾。如次頁圖：

明一根緣五塵損五臟：又，智顗大師將中醫「藏學象說」的內容加上五觸（堅、煖、重、輕、冷），並與五根（眼、耳、鼻、舌、身）結合，說明修觀成病的現象。認為修觀過程中，五根太過於專注於外在環境的刺激，或修觀時產生幻象與感覺便會生病。

因為修觀時，五根太過專注於外境，容易引發各種疾病。如修觀時聞到香味（外來的刺激或本身的幻覺），若執取於香味就會生病。而在藏象學中，五臭（氣味）與五臟的關係中，香氣屬於脾臟系統，故執著香味則會導致脾臟系統有病。依之類推，五臟、五色、五聲、五臭、五味、五觸的關係，如左圖：

損五臟成病	
緣色——多動肝	思觀多
緣聲——多動腎	
緣香——多動肺	
緣味——多動心	
緣觸——多動脾	

五臟病	肝	心	脾	肺	腎
思觀多損成病	緣色（五色）	緣味（五味）	緣觸	緣香	緣聲（五音）
眼	緣青多	緣赤多	緣黃多	緣白多	緣黑多
耳	緣呼喚	緣語多	緣歌多	緣哭多	緣吟多
鼻	緣臊多	緣焦多	緣香多	緣腥多	緣臭多
舌	緣醋多	緣苦多	緣甜多	緣辛多	緣鹹多
身	緣堅多	緣煖多	緣重多	緣輕多	緣冷多
緣五色剋五臟	緣白色多剋肝	緣黑色多剋心	緣青色多剋脾	緣赤色多剋肺	緣黃色多剋腎

以上，乃五臟相生，緣之過分，以致於病。

假使五臟病隱密很難知道，可以透過坐禪及夢境來了解。假使坐禪及夢中，多見青色，青人獸、獅子、虎狼而生怖畏，則是肝病的徵兆；多見赤色，火起、赤人獸、赤刀仗、赤少男女親附抱持或父母兄弟等，生喜生畏者，這即是心病所致。其餘隨顏色驗之，就可以知道。

②修觀生四大病：修觀的過程中，不同的情形會導致不同性質的疾病。如修觀的對象不固定，一下子觀這個對象，一下又觀別的境界，因此導致內心的混亂就會有「風大」的病。若是專注在一個修觀的對象時，希望早日見到修觀的功效，太過於期待修行的進境，則會導致「熱病」（火大）。又，心觀境時，生時把它觀成滅、滅時觀成生，心境相違會導致痛癢，即成「地大」的病。觀時無境，強觀有境，致使水大增加，則有「水大」的病。

智顗大師並提出修觀時，應如教小孩子行走般有耐心，隨緣次第而修方能漸入佳境，若是想要速成，反而擾亂身心造成疾病。

（四）鬼神得便

鬼病與四大、五臟病不同，而是從外而入四大、五臟中使人生病，鬼病可以經由宗教儀式或方法來治療，但是鬼病產生的誘因是坐禪人心念不正招感而來，或者是想要預知吉凶而招致鬼病。

有一種鬼叫「兜醯羅鬼」，會隨五根進入人體，並且使得病的人有預測未來吉凶禍福的能力，包括各人、家庭乃至國家大事皆能預知，若是不治療，久之則會令人死亡。

（五）魔所為致病

魔病與鬼病相同，會障礙行人修道。鬼病著身，使人生病或死亡，魔病則破壞觀照的心念，也破壞坐禪人的法身慧命，生起種種邪念、邪想，奪取行人功德，令人退失修行的境界，這是與鬼病不同之處。

導致魔病的誘因是坐禪人心中生種種邪念，特別是希求名聞利養時，魔就會現出種種衣服、飲食以及珍貴物品，使人心生動搖而引魔入心成病。

（六）業起故病

業病是由先世之惡業所產生，或是今世破戒而引動過去的業而招病，業力所致的病因是從五根造作而生。若是殺生之業因會導致今生肝臟與眼睛的毛病，若是因飲酒引生之罪業是心臟、口腔的病，若是因淫欲而造罪是腎臟、耳朵的病，若是因妄語所造罪是脾臟、舌頭的病，若犯偷盜之罪業是肺臟、鼻腔的病，破毀五戒的罪業則有五臟、五根的病，若是惡業消除病就好了。如下圖：

毀五戒業	五臟、五根病
殺罪業	肝、眼病
飲酒罪業	心、口病
淫罪業	腎、耳病
妄語罪業	脾、舌病
盜罪業	肺、鼻病

另外，今生持戒反而也會動業成病，乃因業的果報將因持戒的善行消除，所以得病，此時所感招的病會比原來沒有持戒而應該要受報的病還要輕。因業病有多種，須仔細觀察，知其病源然後再進行治療，方能致效。

三、明治法

有關治病的方法，若是因為勞役、飲食而致病，只須要藥方調養即可治癒。若是因為坐禪不調而致病，還是要從調息來觀修，方能治病。若是遇到鬼神、魔病等，就必須用甚深的觀行力及大乘經咒，方能治病。從坐禪的立場，略說有六種治病方法：（一）止；（二）氣；（三）息；（四）假想；（五）觀心；（六）方術。

（一）以止治病

1. 明止心於臍間

用止治病有三種：止心於臍間、止心於丹田間、止心於兩腳間三種。若繫心於臍間，觀想肚臍如豆子一般大，閉眼時調和氣息，若有妄念，仍然攝心念於息上。假使所觀相（臍如豆大）忘失了，再觀看自己臍間之相貌，令清晰如前。如此專注於「臍間」必能治病，也能引發各種禪定。

如此作觀時，身體會出現各種情況，或痛如針刺，或急如繩牽，或癢如蟲啖，或冷如水灌，或熱如火炙。如是四大生起各種觸相時，一心精進，不要令所觀相退墮，身心調和後，觸相自然消失，就能引生各種禪定。假使，此時意念寂靜恬然，即是欲界定相。如此作觀能引發禪定，更何況是治病？

之所以繫心在臍間，是因為息從肚臍出，還回歸到肚臍，出入以肚臍為限，能專注於此，容易體悟無常。又，人託胎時，識神才開始與母血結合，子帶繫在臍，臍能連持[9]，臍間又是諸腸胃之根源，尋根源能見到身體種種不淨，止住貪欲。若修四念處觀在臍間，能成就「身念處」法。若以「六妙門」[10]來說，臍是止妄念之門，又能入道，故常被坐禪人所修習。

2.明止心於丹田間

丹田（臍下二寸半）是氣海，能鎖吞萬病。若止心於丹田處，則氣息容易調和，故能治療疾病。上氣、胸滿、兩脅痛、背脊痛、肩頸痛、心熱懊、痛煩不能食，臍下冷、上熱下冷、陰陽不和、氣嗽等病，皆止於丹田處，會收到很好的保健效果。若是疼痛異常，可移心向足三里（穴道名）。若疼痛還不能去除，移向兩腳大拇指爪橫紋上（隱白穴，是脾經所行處），若再不能治癒，心想腳下有一大坑，心亦隨之墮下。

止心丹田，也用於對治散亂。

3. 明止心於兩腳間

若是頭痛、眼睛紅疼、唇口發熱、鼻子四周長痘子、腹痛、兩耳隆隆作響、頸部緊痛，有以上毛病時，將心的所緣境觀注在兩腳間。作觀之時，腹痛會急痛加劇，但只要一心專注於兩腳間，自然會消除疼痛。

作觀時，若有心悶的現象，可以稍微暫停休息，之後再重新將所緣境觀照在兩腳間，若觀照中發覺病痛漸漸消除，應當繼續觀想直到病痛完全消除為止。若是感覺腰及兩腳有急痛的現象，即觀想兩腳下有一丈之坑，將所緣境移置坑底來觀想，以心專注，病痛自當消除。此種觀想治病方式必須在靜室中，方能致效。

又，常將心止於足下，能治一切病。因為眼耳鼻舌意等五識都在頭部，心大多向上攀緣，心使風動，風引發火，火融入水，水潤澤身，所以上半身容易調，而下半身屬陰，太陰傷冷，少火故亂，以致有腳足痙攣、疼痛等病。

又，五臟如蓮華一般，片片向下；意識大多往上攀緣，上氣強，衝激腑臟，反而容易致病。假使將心所緣向下，火氣下降，飲食消化，五臟自然順暢，因此將心止於足下是最好治病的良方。

為了治病，應當常用此觀法，必定會有效益的。如蔣添文、吳明徹、毛喜等陳朝要官皆用此息法而治癒腳氣之病，此乃智顗大師親自傳授的方法。

4. 止心隨緣諸病處

將心止於生病的部位，不出三天，即可達到治病的效果。如開門則有風進來，門關了沒有風就安靜了。心緣外境時，如同開門；心止於病痛處，如關門的原理。又，心如王，病如賊，心安止在病處，賊就會散滅。

5. 以五行相剋、相生原理止病

以五行相剋、相生的原理，於心互止，交互應用，以對治五臟的病，四大的病也是如此。

如《黃帝秘法》說：「天、地二氣交合，各有五行，金、木、水、火、土，相互循環。所以，銷熔鍛金可變為水；因為水的滋潤而使樹木生長；木性溫煖，火隱伏其中，鑽木而生火；火灼熱，能夠焚燒木，木被焚燒後就變成灰燼，灰即土。此為五行相生。」

火因為水遇而滅（水剋火）；水遇土石而制止（土剋水）；樹木強而有力的根，土石才能鞏固（木剋土）；金屬製的斧頭或鋸子易斲傷木材（金剋木）；所有金屬物質以火加溫可化為液態（火剋金）。此為五行相剋。

五行對應五臟時，肝屬木、心屬火、脾屬土、肺屬金、腎屬水。如金剋木，肺強而肝弱，當止心於肺，攝取白氣，肝病則自然會好，其餘四臟的治療情況可依此類推。

6. 以止治四大

又，用修止（以心專注一處）的方式可治療四大的病痛：因為水（大）性寬，以「急」可治療；火（大）性煖急，以「寬」可治療；止於頭頂，可治療地大的病；止於足下，可治療風大的病，以上是用止的方法對治各種病患的情況。

（二）以氣治病

所謂六氣，指：吹、呼、嘻、呵、嘘、呬，皆於嘴唇間吐氣，觀想氣吹出，但不出聲。

1. 六氣治外症

若是冷時用吹，如吹火一般；若是熱時用呼；身體肢節疼痛用嘻，也可以治風；若心煩氣脹或氣在身體上半部，用呵；若遇到喉中有痰時，用噓；若疲勞倦怠，用呬。如下圖：

冷	用吹
熱	用呼
百肢疼痛、風	用嘻
煩脹、上氣	用呵
痰	用噓
勞倦	用呬

2. 六氣治五臟

以六氣來對治五臟的病，如：肝病時用「呵」治，心臟有病時用「呼」、「吹」治，肺臟有病時用「噓」治，腎臟有病時用「嘻」治，脾臟有病時用「呬」治。如下圖：

呵	治肝
吹、呼	治心
噓	治肺
嘻	治腎
呬	治脾

3. 六氣同治一臟

五臟中的任何一臟，有冷病時用吹；有熱病時用呼；有疼痛時用嘻；有煩悶脹滿的病時用呵；有痰時用噓；身體疲倦時用呬，其餘四臟也是如此。如下圖：

用六氣治	一臟
有冷	用吹
有熱	用呼
有痛	用嘻
有煩滿	用呵
有痰	用噓
有疲倦	用呬

4.六氣治意念雜亂

若有冷病時，用意念觀想方式，以口將冷氣吹出，鼻孔中會慢慢感覺微溫的氣息出入。禪修的人坐上蒲團後，作七次這樣的呼吸法，將體內的冷氣吐出，然後觀照所緣境安心作觀。若心不能安住所緣境時，可以再用這種方式呼吸，具安心的作用，此為用意念對治雜亂或禪病的方法。

平日打坐前，先吐穢氣一兩次之後即可作觀。運用六氣時，吐「呼」字音，可以使氣熱，使鼻內清涼。吐「嘻」字音，可以去痛、除風病，使鼻內舒服。吐「呵」字音，可以去煩躁、下氣病、化痰；若想化痰時，觀想胸中的痰分化成上下二分，上分隨口吐氣吐出，下分隨呼吸的息溜出。用「噓」字音吐氣，可以透過吐氣去除胸中脹滿的病。用「呬」字音，可去除疲勞，使鼻子有溫和補氣之效。

使用六氣治病時，呼吸應細心應用，不要過急、過分，善巧應用，多少得宜，平時可以應用，非治病時才用，對身體會有所幫助。

（三）以息治病

息是依身心而有，譬如木材與火，二者和合方能有煙，從煙氣的清濁狀態可以知道木材的乾溼情形，同理，從呼吸「息」的強弱，可以驗知身體健康與否？若是身體有氣息來去運行，當知這是風病所引起，會因痛癢而成病，應該趕快對治才好。

並且要認識四種息相：呼吸出入有聲名「風」，若執取此相，心則容易散亂；呼吸出入不通暢名「氣」，若執取此相，則容易氣結；若呼吸的息積留於心中，沒有完全散盡名「喘」，若執取此相，則容易有肺癆病；呼吸出入順暢、微細無聲名為「息」，守此安穩息相，則容易入定。如左圖：

風：有聲——守之則散

氣：結滯——守之則結

喘：出入不盡——守之則勞

息：不聲不滯，出入俱盡——守之則定

已介紹六氣的治病及四種息相，以下說明調身的方法。禪修時，找一個適宜修習禪定的處所，然後保持正確的坐姿及注意調息的方法：

1.適當的安放雙腿，全跏趺坐[11]或半跏趺坐[12]，並用毛毯蓋住膝蓋關節。

2.身體保持正確姿勢，不過分後仰亦不過分前屈。

3.雙肩應平齊，不可傾側。

4.頭部應保持端正，不可高揚或低垂，更不應歪向一方。

5.雙眼不應太開亦不宜用力緊閉，可略為垂注鼻端。

6.舌部輕抵上排牙齒，唇與齒皆順其自然，不宜過分緊張相抵。

7.呼吸應盡量保持輕柔均勻，切不可粗猛急速，應順其自然的呼吸調息。

以下釋四觸成四病，即所謂八觸相違病：

1.用息對治八觸

八觸是修行過程中，達到一定境界時產生的生理反應，智顗大師說明八觸的引發與出入息調順是有關係的。此時，用息來對治八觸的病：

若是身體如大石沉重，不能稍動，如無置身處，此為重觸會造成地大的病，此時應用「出息」治之。

若是身體如雲如煙，有飛行之感，是為輕觸，會造成風大病，此時應用「入息」治之。

若是身體如水冷，這是冷觸，會造成水大病，此時應用「出息」治之。

若是身體熱如火，這是熱觸，會造成火大病，此時應用「入息」治之。

於地大所引發的是「重、澀」二觸，於風大所引發的是「輕、滑」二觸，於水大所引發的是「冷、軟」二觸，於火大所引發的是「熱、粗」二觸，故對治法是相同的。如下圖：

發重、澀觸——成地大病——偏用出息治之

發輕、滑觸——成風大病——偏用入息治之

發冷、軟觸——成水大病——偏用出息治之

發熱、粗觸——成火大病——偏用入息治之

2.十二息治病

十二息治病除了畫分四大來治療外，也用相對的疾病概念來對治，所謂十二息是：上、下、焦、滿、增長、滅壞、冷、煖、衝、持、補、和息，此十二息是以「觀想」的方式來治病。

人一開始入胎時，就有此身果報的息，在胎中隨著母親的氣息漸漸長成嬰兒；因四大和合而有人身時，胎兒就有自己的出入息；雖因投胎的地方不同（或人道或畜生道等），但各個都有維持生命的「息」，稱為「報息」；「依息」是依心而生起的，如生起瞋心或欲望時，氣息會很興盛，稱為依息。

之前所說的六氣（呵、呼、吹、嘻、噓、呬）乃就報息角度觀想，今十二息是就依息立場觀想，所以前後的觀想治病方式是不同的。

十二息治病的方式：上息對治沉重地大的病，下息對治虛懸風大的病，焦息對治脹滿的病，滿息對治枯瘠的病，增長息能生長四大而與外道（應為道教）的服氣相同，滅壞息能散壞各種心病，冷息對治熱病，煖息對治冷病，衝息對治癥結、腫毒，持息對治掉動不安的病，補息能補身體虛弱的病，和息能通融四大。若有症狀時，隨著此十二息的觀想都能成就，但是什麼病用什麼息來對治，這是必須要明白了知的，不可錯用。如下：

(1)上息——治沉重地病
(2)下息——治虛懸風病
(3)焦息——治脹滿
(4)滿息——治枯瘠
(5)增長息—生長四大
(6)滅壞息—散諸癊（心病）
(7)冷息——治熱
(8)煖息——治冷
(9)衝息——治癥結腫毒
(10)持息——治掉動不安

(11)補息——補虛乏
(12)和息——通融四大

(四)以假想治病

前面氣息治病中，除氣息外兼帶觀想，現則專以想像方式治病。如辯師治癭法：身上長有癭（化膿的腫塊或指頸瘤），就假想此腫塊有如蜂巢，裡面原有許多蜜蜂，然後觀想蜜蜂從巢中全部飛出，最後剩下空巢，一旦假想完成，癭病自然消除。

以上所說，運用觀想方式對治膿腫的病，如同患有症狀的人用針灸治之。又如《雜阿含經》中，用煖蘇對治勞損的病等，皆是運用觀想來治病的。

(五)以觀心治病

不用觀想、或氣、或息治病，直接向內觀心，從內外推求，求心不可得。病來時，思惟病從何來？誰生病？如南嶽大師患腫滿疾病時，以觀想的力量使病消除。

（六）以方術治病

「方」雖不固定但有它的道理，善為運用時，必有作用稱之「術」。咒術與懺悔治病的治療法可參照《治禪病秘要法經》，平時，佛教徒日常誦持的〈大悲咒〉、〈藥師咒〉等亦可以治病，咒術的靈驗與否皆隨人對它的信心而定，故不可隨意亂傳，以免導致不良後果，如密教不隨意對人傳法一樣。以下舉例說明：

1.治三十六獸

假使禪修中遇到一些獸類來擾人，可誦持咒語三遍加以對治，咒曰：「波提陀，毗耶多，那摩那，吉利波，阿違婆，推摩陀，難陀羅，憂陀摩，吉利摩，毗利吉，遮陀摩。」

2.治惡神入身咒

禪修中，因調心而有心細的心境，容易被外境聲音所驚嚇，造成氣上、腹滿、胸煩躁、頭痛、心悶現象，此是人的情緒因驚慌而失守，若有惡神入身就會魂不守舍。對治時，閉口蹙鼻，不令氣息出入，等氣息遍滿全身時吐氣，以長呼吸的方式吐氣，越長越好。吐氣時，觀想從頭至腳的體內氣息皆由呼吸吐出體外，如是三遍，然後誦咒：「支波晝，烏蘇波晝，浮流波晝，牽氣波晝。」三遍誦完調息，從一至十，於出入息時意念「阿那波那、阿晝波晝」，此惡神入身之病即能對治。

3.痛捻丹田

假使赤痢（大便中帶血不帶膿）、白痢（大便中不帶血但含黏液或膿）逐漸惡化，導致臉呈青色，眼睛反翻、嘴唇呈黑色，失去正常人的形貌，此時以手痛捻丹田（肚臍下二指寬處）的地方，短時間內就能對治。

4.隨處痛打

身上若有疼痛的地方，以手杖痛打疼病處，至四、五十下即能治病。此乃因為身體有病皆從心生，心中憂愁思慮致使邪氣進入體內，今以疼痛逼出邪氣，疼痛之病就會消除。

四、明損益

應用藥方對治病患時，都有損、益、漸、頓的區別。假使用息治病過久，容易讓五臟翻動，若是未即時有翻動現象，疼痛也會漸漸加劇以至於五臟翻動疼痛。假使善於調息的人，就會因懂得調息而把病治好，或漸漸減輕病痛直到痊癒為止。如一般生病服湯藥，日積月累，病自然慢慢痊癒，用息（止、氣、假想、觀心、方術）等來治病，也是如此！

運用心力治病的情況，有：

1.因善於用心（利）而病患輕微，很快就會痊癒。

2.善於用心但病患嚴重，病患會慢慢痊癒。

3.不善於用心（鈍）而病患輕微，身體會漸漸有損傷。

4.不善於用心而病患嚴重，身體很快會有損害。假使不善於用心（鈍）但了解各種觀法，從中也能獲益，但有漸頓的差別。

世間醫藥要花費財力及時間，藥多苦澀，難以下嚥，又多禁忌，愛惜生命的人為了治病而嘗盡苦頭，智顗大師提供病患用氣、息、觀心等來治病不用花費錢財，但是一般人是不容易相信的，因此提出禪修中用心治病要獲得利益必須具備的十法：

1.信：相信此法必能治病，《華嚴經》：「信為道元功德母，長養一切諸善根。」《大智度論》：「佛法如大海，唯信能入。」對止觀治病法門要有堅強的信心，必能獲益生效。

2.用：隨時常用，不能一曝十寒，時作時輟，相信此止觀治病法門，隨時並常常使用才能獲益。如「信」而不用，等於不信，「用」而不隨時常用，如鑽木取火，未熱就息滅了，也不會生效。

3.勤：用止觀法門治病，應隨時常用並且專精不雜，日夜相繼，不休不息，總以「病癒」為目標。

4.常住緣中（恆）：「緣中」乃指心所緣之境界，就是用細心念念依法在所緣上修而不雜亂。

5.別病因起：因四大、五臟增損得病，或因鬼神所作得病，或因業報得病，必須分別得病因緣才能對症下藥。

6.方便：用呼吸，運心觀想繫心緣中，並用善巧方便使其得到效果。如人彈琴須調絃的緩急、注意手指的輕重，才能使聲韻柔美。

7.久行：行人若使用但未見有功效，須不計日月常習不廢。如古人用功，夜以繼日，精進不懈，久而久之自然成就，也就是要有恆心、耐心、長遠心，必能治病。

8.知取捨：修行人須具法眼，應取則取，應捨則捨，不能絲毫勉強。用止觀法門治病，所用的方法有利益則勤用，有損害就捨棄，不可勉強，微細將心調治，也就是攝念歸心，不可粗心大意，放縱我們的妄心，方能與道相應。

9.持護：善識一切禁忌。行住坐臥、語言、作務、飲食等都能善於調養保護，不使觸犯禁忌以利道業。

10.識遮障：以止觀法門治病得到利益，不要向外故意宣傳，以免有顯異惑眾之嫌，病沒有好也不生疑心，不說誹謗的話，這就是篤實修行，認真辦道。譬如飲水冷煖自知，不求名聞利養恭敬，不謗如來大法。

假使修習止觀的人，依照以上所舉十法如實應用，真信、切願、力行，所治的病必能見效。

若善修四種三昧，身心調和，必然沒有病痛，假使有些微病患，也會因念力的專注而自然漸漸痊癒。假使引發各種障礙，要不惜生命發心為道，只要有殘餘生命，誓願為道場奉獻，有如此的決心，何愁障礙不會消滅？何愁罪業不會轉化？如智顗大師的兄長陳鍼，因修方等三昧而延壽，開善寺智藏法師因誦《金剛般若波羅蜜經》轉短命得長壽，故一心修持三昧必會消除眾病。

五、明止觀

以十乘觀法說明如何於病患境中修習止觀。

（一）觀病患境是思議境

1.說明造三惡法界（地獄、惡鬼、畜生）

觀病患境，先說明「思議境」的情況，其次說明「不思議境」，以下解釋由病之因緣而生十法界，此為思議境。

如果因為生病而退失原本的發心，放棄修習禪定，進而誹謗三寶，不了解因過去的罪業而招致禍害卻說修善沒有福德，生起大邪見，此乃造地獄業。

因為愛惜身命，沒有節制的食用魚肉辛酒（餓鬼業）；或病痊癒後身體健壯，縱情五欲（畜生業）；因此失去善心增添惡業，生起上、中、下罪，是為「因病造三惡法界」。

2. 明三善法界（天、人、阿修羅）

假使行人心中自念此病困苦皆是由於往日造作罪惡行為所致，深生慚愧，不敢再作惡，雖然受到病苦所困，但不失善心，生起上、中、下善的心念，是為「因病造三善法界」。病中，若誓持十善業，是為天界；使心中善心不斷，是為人界；自恃自己有善心勝於健康的人，是為阿修羅界。

3. 明聲聞法界

若是遭受疾病困苦而怖畏生死，了知此病是前世造業所成，若不離開生死煩惱，將永遠於三界中流轉不停，而且世間各種苦與煩惱不斷，世世相隨，若不斷除此束縛，便常受這種苦，所以應當追求永恆的寂滅、無相涅槃，脫離苦惱的深淵，是為「因病起聲聞法界」。

4. 明緣覺法界

若是觀照此病，使我身心受病，因為此病才有老死，死是由於生，生是由於往昔的有（存在的現象），有是從執取而生，執取是從愛著所生，愛著是從感受而有，感受是從接觸所生，接觸是從六入（六根）生，六入是從名色生。所謂「色」即是四大、五根，「名」即四心（識心、想心、受心、行心），觀此六根、四大從何而生？青色從木生，黃色從地生，赤色從火生，白色從風生，黑色從水生。

又，觀木從水生，水從風生，風從地的陽氣生，地從火生，火從木生，木還從水生，如是周而復始，隨著因緣循環不已，是沒有自主性的。如下圖一、圖二：

觀外在的五行是如此，觀內在的五臟色也是如此，肝從青氣生，心從赤氣生，肺從白氣生，腎從黑

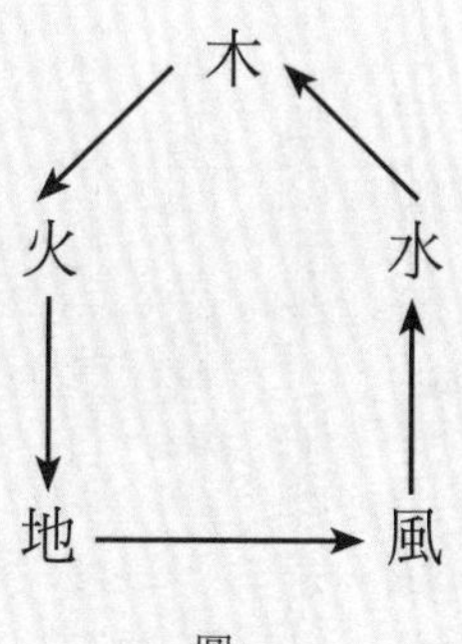

圖一

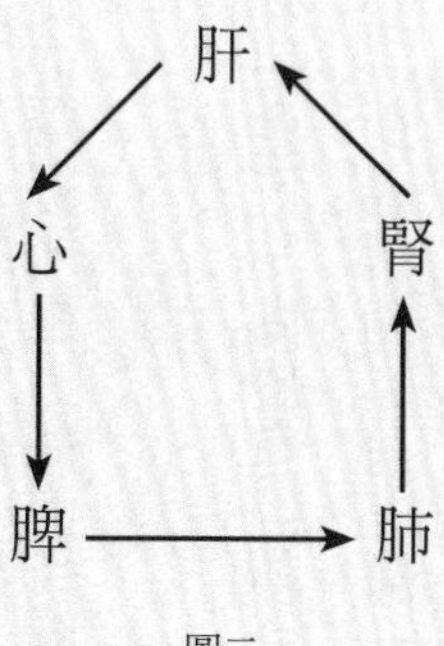

圖二

氣生，脾從黃氣生。

觀此肝藏是自體生還是從他生？既然知道肝藏是從腎生，腎是從肺生，肺是從脾生，脾是從心生，心是從肝生，所以肝臟不可能是自生，還從腎臟所生。如前頁圖。

今推色身從心生，故無有自性。

從橫面來說：如是內求，四大、五臟既然沒有實體，為何會壞？由於有四種心執持，所以四大才能暫時運作無礙。四心為識心、想心、受心、行心，因為有「識」而能生起各種心，故識如地；因為「想」而執取相貌，如風轉動；「受」能領納，如火能堅固諸物；「行」心造作，如水去來。

從豎的角度而言：這四心是自生或不是自生？即然了知「行心」是從「受」而生，「受心」是從「想」而生，「想心」是從「識」而生，如此四心輾轉相生，皆無自性。而且「識」是從過去的「行」而生，過去的「行」是從無明而生，無明是從妄想而生，妄想還是從妄想所生，如《金光明經》云：「妄想生妄想，輪迴十二緣。」

如同狂渴的人見到火焰以為是水，便向南追逐，無法獲得水時，大聲呼喚「水！」此時空中響應，但已太過南邊，水應在北邊，便回頭向北走，如是東西南北四方皆無法獲得水，此時遂生大懊惱，對地咆哮怒吼，叫喚：水都跑到哪裡去了！身體非常疲累，越走越趨向暗處，一樣也無法獲得水。

往南走，比喻舌頭追逐美味；向北走，比喻耳朵追逐音聲；向西走，比喻鼻子追逐香氣；向東走，比喻眼睛追逐色相；向地咆哮，比喻身體追逐觸感；走到陰暗處，比喻意念追逐無明。

如是六根追逐外在的色、聲、香、味、觸、法等六塵，從中實無一法可得，雖然一切都是因緣和合之相但也是不可得，只是徒勞辛苦而已！

若能察覺其中實相，不再隨六塵而動心，身心自然安住，心安住故，豁爾體悟了解而獲得因緣的正智，了知此色、心等，從本已來體性寂靜，非生非滅，因為有妄想顛倒才有世間的生滅現象，若沒有妄想的話，就能滅除無明乃至滅除老死，不再造來生的新業，如不燃火的話就不會有煙，既然沒有無明、老死，一切歸於寂滅，哪還有誰會生病？是名「因病起緣覺法界」。

5.明菩薩法界

菩薩法界中，菩薩是修六度萬行而成就佛道，所修六度是對治菩薩修道中的六蔽，即慳貪、悔犯、瞋恚、懈怠、散亂、愚癡。

若菩薩觀此病皆是由於愛惜身命財物，才引發眾多的煩惱，此為觀「慳吝蔽」。有此病患的產生是由於持戒不完善，而導致多病短命，此為觀「破戒（悔犯）蔽」。有此病患的產生是因為心志下劣脆弱，不能忍耐，導致不能維護身神，此為觀「瞋恚蔽」。有此病患的產生是由於精進力薄，沒有善業可以補償（有精進力，內則可補助正道，外則可以免於災難），此為觀「懈怠蔽」。有此病患的產生是由於沒有禪定力，才為病惱所侵，此為觀「散亂蔽」。有此病患的產生是心中少智慧的緣故，無法通達無常、苦、空、無我的義理，導致受此病苦，此為觀「愚癡蔽」。

今菩薩以自己的疾病經驗，愍念眾生疾病的苦，生起慈悲心而發四弘誓願、願行六度，廣度一切眾生，捨去慳吝（布施）、隨順事理（持戒）、安於忍耐（忍辱），勤加精進（精進）、端正心意（禪定），覺悟無常（智慧），是為「因病起六度菩薩界」，此為藏教菩薩的觀法。

又，觀此病了知是從前世妄想顛倒各種煩惱所生，這樣的妄想煩惱是沒有真實性的，乃至我及涅槃也是無自性空，如此觀照，是名「因病起通教菩薩界」。

又，觀此病雖然是畢竟空相，有各種感受，但於空中是沒有真正的「受」者，現在尚未具足佛法，故不應滅「受」而取證，是為「因病起別教菩薩界」。

以上所說聲聞、緣覺、菩薩等觀法，於病患因為觀照不同而次第出生，是名「思議境」，不是圓頓止觀說的觀法。

(二) 觀病患境是不思議境

以下解釋不思議境，從義理乃至從悲心而說，先解釋不思議境後，再依空假中三觀、十乘觀法來作分析：

所謂不思議境：一念病心生起時，不是真實存在也不是完全沒有，此即是法性、法界。一切法的法性與病的法性（因緣所生）是相同的。不思議境，唯法界的總相而沒有九法界的差別，如「如意珠」具不空、不有，不前、不後的特性，病也是如此，絕言離相，寂滅清淨，故名「不可思議」。

十乘觀法說明不思議境：

1. 觀不思議境

行人於所觀病患境時，知病是緣起無自性，沒有真實不變的病，也沒有實體生病的我，一切了然無生，有何憂悲苦惱？能如是作觀，病患自然消滅。

如《金光明經・除病品》說：直接聽聞這樣的言語，病即滅除療癒[13]。此即是初觀不思議境，聞此妙境能入初住位。復有無量百千眾生病苦深重難以痊癒，至（持水）長者的地方接受妙藥，也獲得康復。此即是後面九種觀法的涵義。

2. 起慈悲心

十乘觀法的第二觀「起慈悲心」，以空假中三觀說明菩薩慈悲心的生起。一切眾生皆具有法性之理卻不能認知，隨著見思惑沉沒於每一期生命的生死大海中，此時深生悲愍，想讓所有眾生也能了知世間是非實有的真相，即是「空」、「滅」之法樂，以脫離世間諸多苦患，這是「有疾菩薩」的意念。能以空觀調伏自己生病的心念，因為能調伏其心，故現象的疾病自然滅除康癒。

菩薩因為發起憫念眾生的慈悲心，故能看待每一期輪迴的眾生猶如自己的孩子一般，孩子若生病，父母也跟著生病，因此以自身疾病來慰勉眾生，孩子的病若痊癒，父母的病也隨著痊癒，這是「體空觀」、「析空觀」有疾菩薩所修的觀法。

又觀此病雖然是空無自性、寂靜的，但所有眾生不會都因為空慧而獲得度脫，故當認識空病及種種法門。聲聞二乘以不識故隨無明煩惱沉沒於變易生死[14]的苦海中，因為不能分別各種病的差別，所以真正的佛法無法現前，度化眾生事或莊嚴淨土皆不能成就。因此義故生起慈悲，願拔除無知的苦與欲獲得「道種智」分別的樂，是名有疾菩薩能以「假觀」調伏其心，因為心調伏所以能滅除疾病。

菩薩修持假觀，以慈悲心故，示現有病於方便土[15]中，觀所有眾生猶如己子。因子生病，故父母也病，因此以自身的疾病來慰愍其子，孩子的無知病痊癒，父母的病也就痊癒了，是名「別教慰喻有疾菩薩」。

又觀此病乃因緣無自性生，當下即是法界，而諸眾生無法了知此即是中道，此中道理尚未顯明，故隨無明煩惱沉沒於變易的生死大海。經上說：三賢十聖[16]住果報，即是實報的因果病也。為此義故生起慈悲心，願拔除無明煩惱苦，獲得究竟解脫樂，是為有疾菩薩用「中道觀」調伏其心，因心調伏所以滅除疾病而痊癒。

菩薩修持中道觀，以慈悲心故，示現有病於實報土[17]中，觀所有眾生猶如己子。孩子既然有病，父母也會跟著病，因此以自身的疾病來慰愍其子，孩子的無明病痊癒，父母的病也就痊癒了，是名「圓教慰喻有疾菩薩」。

如是空假中三種疾病觀法皆是一心中生，一觀（中道觀）即能調伏其心，這樣的慈悲能普遍十方，亦即是普門示現，如是慰喻，一音能演說一切法，為使容易了解實相，故有三觀的分別，依實際來說，此即是不思議的慈悲。

以上所說的道理，生起慈悲心的弘願，如維摩居士住常寂光土而能於方便土、實報土、常寂光土化現，故知一切法身的菩薩也都是如此！

《維摩詰經》中，維摩長者生病，世尊派遣大眾前往探病，但維摩詰居士智慧高超，無人敢前往，如國王知道長者有病，不敢前往探病。二乘聲聞緣覺雖已證得空慧、不執取於相，也推辭不能勝任探病之事。菩薩雖然了知客塵的緣起法，但也往往被維摩詰居士所屈服。只有文殊菩薩與維摩智慧相當，故能堪任探病之事。

空假中三觀「觀病患」皆從一心中生，而在《維摩詰經》中，文殊師利菩薩問維摩詰居士：您的疾病因何因緣而起？已病多久？用什麼方法才能滅除您的病？

維摩詰居士言：我的病是從大悲心而起，唯因眾生有病，故為悲憫眾生也隨緣入生死流而示現有疾，如果一切眾生的疾病痊癒了，我維摩的病也就不藥而癒了。

為何菩薩要示現病？菩薩度眾生老婆心切，本無生死而入生死，既有生死難免有病，然而菩薩的病則是為眾生苦惱擔憂而起的病，只要眾生出離苦海，菩薩何病之有？維摩詰說明自己患病的原因。

所以，眾生的病是因癡愛所生，有癡愛的病，菩薩遂起大悲心救度，癡愛病若滅除也就不須要菩薩的大悲心，故悲心亦隨之而滅。眾生的病有痊癒與不痊癒的問題，菩薩的病有病與不病的區別。菩薩若是沒有病苦就知道其子（眾生）病已痊癒，若是有病，表示度化眾生事未了，而文殊菩薩於方丈室中問維摩詰居士的病即是此義。

菩薩的誓願等同虛空，雖有疾病亦瀰滿法界，是名「不思議慈悲」也。菩薩若發此心，慈悲的力量大，疾病即能消除而痊癒，若是不能消除就須要再修以下的觀法。

章安灌頂於記錄時，特別舉出事例以作證明，如喜禪師、天台大師發心真實，隨念即滅除疾病。發心不真實，欺騙眾生，戲耍三寶，有所欲求，疾病自然不容易滅除，若心能真誠就會蒙佛加持有大勢力。

3. 明安心

若於修行時罹病，先對病相有所了知，進而發起慈悲心，端身正坐，修止、修觀以安心。於座中善巧應用世界悉檀、對治悉檀、各各為人悉檀[18]以調適身心，即能獲得輕安。若修第一義悉檀，是名「大藥」，則不會受到任何干擾，更不必再修其他觀法。

4. 破法遍（破除生病的執著）

行人生病時，觀察疾病是因色身四大不調而病？或是因為心理因素而生病？若是色身的病，色身是四大假合而有，因時、因地、因緣而有生老病死之生滅現象；而外在的山林河川，隨時也在生住異滅的變化中，也應算是病；死人也是生滅中的一種現象，故也應該算是病。但是屍骸及山林都未曾有受惱害的情形，依此推理當知色並非病也，只是因為心念想像才有病的產生。

今觀此生病的心，不是自生、不是他生、不是共生、不是無因生，此四句不可得，非內、非外，畢竟清淨。心如虛空，有誰生病？《維摩詰經》云：「病由心造，故非地大；而病實於身中，故不離地大。餘水大、火大、風大也是如此。故，身相不可得，也不是與心合，因心如幻故。」所以沒有真實的病也沒有真實生病的心，兩者皆不可得故。

5. 識通塞

行人於病中，觀察病的原理，於法義之中，認識四諦、十二因緣、六度。觀察病理、觀察智慧時，句句於四諦、十二因緣、六度的道理，了了分明而沒有疑惑，了解文字而不執著文字，並了知得與失，是名觀病患之「識通塞」。

6. 道品調適

若觀疾病是四大不調所引起的、相上是不清淨的，就疾病的體性而言，病痛是因緣所生，故疾病的體性（無自性空）即是清淨，疾病不等於四大也非離開四大，故疾病是非清淨非不清淨；或是有、真、非有非真；或是空、假、非空非假；或是枯、榮、非枯非榮，如是等義皆與此身念處無二無別。如此作觀，疾病的感「受」（念處）既非苦亦非樂；疾病之觀想、行相（法念處）既非我亦非無我；疾病的「心」（念處）既非常非無常，有如是四念處的意義。若能於病中用這種方式觀想三十七道品，縱然在枕席[19]間都能成就。若能了解苦的真相就不會有痛苦的心與覺得痛苦的病了，如此即能入實相的清涼池。

7. 明對治

若是於各種助道品中修習觀法，不能去除病痛或痊癒者，應當用前面的「止、觀、氣、息、想、術」六種來對治。以三十七道品的正行及六種對治法的助行和合一起應用，必能入道（入初住，得無生忍），何況是身體的疾病怎能不消除？

8. 知次位

修此觀行時，雖停滯於床枕之間（喻正助合行），但深知自己的修道階位，自觀病患的道理也是如此。如同琉璃在深潭底，水清時可見，水深時即不可得了。雖如此觀修，但尚未入聖位，應以六即佛位[20]來辨別階位之深淺。

此觀修的智慧，但有名字，無有真實；若進入無生法忍，過去所造業因雖已盡除，但猶有報身的病相（果）。我今尚未獲得聖位，故不應該生起慢心。

9. 明安忍

修觀時，不管是正行（三十七道品）、助行[21]都要精進，不要因為有內、外障道因緣而阻礙修行。不能於正、助行上用功，道業就會退轉，能安心在病患上，如此作觀，心不動不退，即謂「所作皆辦」（比喻入聖位）也。

10. 明法愛

假使觀行明淨，病患自能消滅，但不生貪欲心、不起愛染心，如此十乘觀法自能成就，而迅速入道法之流。

以上所說內容為「病患境」的大乘觀行，能證入無生法忍[22]，獲得一大寶車（喻一佛乘，成就佛道也）。

【註】

1 鴟梟性升，譬如火風；蟒鼠居穴，譬如地水。

2 維摩假託生病，而使國王、長者、大臣、人民及聲聞、菩薩們前往探病，廣為說法。

3 六氣的記載於《摩訶止觀》、《釋禪次第法門》、《小止觀》皆有異，可自取而實驗之。又，有冷用吹，有熱用呼，有痰用噓，煩滿用呵，疲倦用呬。《摩訶止觀》所列為：肺害於肝，用呵氣治之（次數於七次以下）；腎害於心，用吹、呼治之；心害於肺，用噓氣治之；脾害於腎，用嘻氣治之；肝害於脾，用呬氣治之。

4 呵：張口，內扣上下唇，兩頰內凹，觀想氣呵出。氣出後，含一口氣入丹田。（於座中用此治病時，次數在七次內。）

5 吹：如吹笛般，微抿上唇，內扣下唇，觀想氣呵出。氣出後，含一口氣吞入丹田。呼：鼓腮巴，狀如汽球，輕閉兩唇，兩唇閉處留一小孔，觀想氣呼出。氣出後，含一口氣吞入丹田。

6 噓：如替孩童噓尿，兩唇嘟出，觀想氣噓出。氣出後，含一口氣吞入丹田。

7 嘻：齒不扣，兩唇上揚微開，齒不露（似微笑），觀想氣嘻出。氣出後，含一口氣吞入丹田。

8 呬：齒相扣，裂開兩唇，微露齒（似笑非笑），觀想氣呬出。氣出後，含一口氣吞入丹田。

9 在胎之時，以母之臍，注子之臍；故母親所食，從臍而入，以資養其子。氣息也是如此！

10 六妙門：指呼吸的數、隨、止、觀、還、淨六法。

11 全跏趺：即雙腿坐法，此式是左小腿在內右小腿在外，雙腳掌交叉後放在大腿上。

12 半跏趺：即單腿坐法，只是一隻腳放在鄰腿的大腿上，一般是左腳放在右腿上。

13 《金光明經．除病品》記載過去於寶勝如來滅度後，有一位持水長者善知藥方，救諸病苦，持水長者有子，名曰「流水」。是時，國內天降災變，流水見此情形，自忖思惟：我父已年邁，無法到各鄉鎮村落。便到父親的地方問明藥方後遍至城中各處，作如是言：我是醫師！我是醫師！善知各種藥方能治療眾病。一切眾生聽到這樣的話，所患諸病悉皆消除！

14 變易生死：一微細之生滅，念念遷異，前變後易名為變易。

15 方便土：二乘等已斷三界見思惑盡，出生彼土。

16 三賢十聖：十住、十行、十回向為三賢，初地乃至十地為十聖。賢者發似解而伏惑之位，聖者發真智而斷惑之位，於此該收菩薩乘之因位。

17 實報土：斷除一分無明之菩薩所生之處，乃別教初地以上、圓教初住以上之菩薩所居之果報土。

18 四悉檀：佛陀教化眾生的四種方式。悉檀：成就。世界悉檀即隨順世間之法而說因緣和合的道理；各各為人悉檀即應眾生個別之根機與能力而說各種出世實踐法；對治悉檀即針對眾生的貪瞋癡等煩惱應病予法藥；第一義悉檀即依第一義來詮明一實中道之理，令眾生斷惑證理。

19 枕席：《法華經・譬喻品》中譬喻大白牛車為一佛乘，車上有各種的裝飾物，其中有「安置丹枕」，即紅色枕頭，以紅色光譬喻無分別法。枕分內枕、外枕，外枕是車行時用以支柱，譬喻修道用功；車內的內枕是用來休息的，譬喻一行三昧，能生真正般若智慧。

20 六即佛：(1)理即佛：一切眾生雖輪迴六道但佛性具足。(2)名字即佛：從名字中了解一切眾生皆可成佛。(3)觀行即佛：圓教五品外凡位，依教修觀，知一切法皆是佛法，心觀明了，理慧相應。(4)相似即佛：圓教十信內凡位，雖未真悟實證，而於理彷彿有如真證。(5)分證即佛：分破無明，證三德至等覺共歷四十一位。(6)究竟即佛：入妙覺位而成佛。

21 助行：止、觀、氣、息、想、(咒)術等六法。

22 無生法忍：對「一切法不生不滅」之理，能夠確切的掌握之謂。

觀業相境

《摩訶止觀》十境中的第四境「業相境」，行人因研習止觀的關係而獲得心靈的寂靜，引發各種禪定境界，這些禪定的境界或因過去所修而有現生禪定果報現前，或因現在精進修習所引發的禪定，禪定現起時，會出現一些障礙或善根發相乃是因往昔所造的善惡業，而今修習止觀的緣故引動各種善惡業現前，此時，觀此業相境乃是不思議境，名「觀業相境」。

為什麼要觀業相境？行人從無量劫以來，所作的各種善惡業，或已經受報或是尚未受報，在平常的心念中，所造的果報相一直沒有顯現，今因修止觀的關係，智慧如日光明照耀，能引動各種業種子，所以出現善惡諸業相。

有人問大乘佛法不是講一切相皆平等？有什麼相可討論？

其實意思是只因有平等心，故境相清淨，所以才能顯現各種業相。如《合部金光明經》云：「將證十地，一切相皆現前。」《阿含經》亦記載：「將證初果（羅漢），八十八頭蛇（見惑八十八使）於其前死。」

又，《妙法蓮華經》說：「深達罪福相，遍照於十方。」罪福（十界相）只是善惡業所顯的相而已！《維摩詰經》云：「於第一義而不動，善能分別諸法相。」所以，此大乘觀法所顯現的相，乃因心清淨故能知萬種業相，與一般業相不同。

觀業相境分業相生起的因緣、各種業相境的發相、簡別善惡業相境、於業相境修習止觀四項說明：

一、業相生起的因緣

（一）內因緣：因修習止觀研磨心上煩惱，使心漸漸清明寂靜，照明各種善惡相。於修止觀中，以修止來止惡，使惡念消滅或使潛藏的惡種子因心靈寂靜而現；或以修觀來觀善，使善念生起或使善念因修觀而隱相。無量劫來的業相於修習止觀中，如磨鏡一般，萬象自然顯現。今所說乃修止觀故見善惡的生滅相，不是因修習止觀而令善惡生滅。內因緣是往昔自己所造善惡因緣所引起。

（二）外因緣：諸佛慈悲，常普應一切，眾生沒有根機是不能見到的，今以修習止觀的力量，能感諸佛示現（善惡禪），使各種業相現前，如持花鬘現於大眾之前。若能明白修習止觀時所產生的業相因緣，從中能清楚了知過去現在的禍福，能調伏他人，方堪為大乘師。今只要好好研習止觀，讓業力消除，道業自然成就。又，若一心於道上用功，何用在乎各種業相？

二、各種業相境的發相

業相境的發相有善惡兩種，發相沒有前後之別。

（一）善發相

善發相有六種：1.報果相現。2.習因相現。3.報前現，習後現。4.習前現，報後現。5.習報俱時現。6.前後不定。

各種業相現前時千差萬別，若能認識這六種意涵，就能分別無誤了！在這六種中，第一、二項是單發的習因、習果；第三、四項是因果互發；第五項是因果俱發；第六項是因果間雜。總而言之，這六項是習因報果的發相，接著用六度說明「善報發相」的情形。

1. 布施

(1)明果報發相：若於打坐中看見殊勝的境界，或見三寶形相，或見賢聖大眾、父母師長、有修行的人接受自己的供養或者已接受自己供養；或者見到三寶、師長，雖然不接受供養但皆歡喜；或者看見所布施的東西種類繁多布滿一切；或者沒有看見布施的東西，但看見清淨莊嚴的地方；或者顯現今生布施的果報相，或者顯現過去生布施的果報相；或者看見喜歡行布施的人來讚歎行布施的捨心功德。以上所說的現象都是布施的果報發相，其他五度發相也是如此！

(2)明習因發相：若於定中都不見各種發相，但心中一直想要布施，以恭敬供養三寶、父母、師長、僧人；或者見悲傷貧苦的人而想要救濟他；或者明了通達布施的方法。像這樣的心是布施的習因發相，其他五度的情形也是如此類推！

六度的發相是不盡相同的。以布施而言，或先生起想要布施的心，但卻看見果報相；或先看見果報相，才發布施心；或布施心與果報相同時俱發；或者是發相不定（有時是布施相、有時是持戒相、有時是精進相等）。

2. 持戒

持戒所發的業相有六項，前三種為果報發相，後三種為習因發相。

(1) 明果報發相：若看見十師[1]的衣鉢，壇場的莊嚴，歡喜愛念；或者雖然沒有看見這些瑞相，但見到自身的衣服清淨整潔、威儀攝眾；見到受持戒法的人面目光明亮麗，舉止安詳，來稱讚戒的殊勝。出現這些瑞相時，皆是持戒果報發的情形。

(2) 明習因發相：若沒有看見以上所說的瑞相，但持戒的心油然而生，自言戒行清淨，五篇七聚[2]是可以各別受持的；或想匡正破戒的人，讓他們能如法受持；自己能解戒律文意，精通戒的內容，這些是習因發相。

3. 忍辱

(1)明果報發相：或看見修忍辱的人；或看見自身行忍辱之事；或看見自身端正清淨整潔，六根莊嚴具足，世間所稀有的；或看見端正修忍辱的人來稱讚修忍辱的功德，這些皆是修忍辱的果報發相。

(2)明習因發相：或直接從心中引發修忍辱的心，或善解修忍辱的法門，這些是忍辱的習因發相。

4. 精進

(1)明果報發相：或看見精進佛道的人；或看見自己行精進事；或看見自身有氣力，威武強壯；或看見常行精進的人，日夜不懈，來稱讚精進的功德，這些是精進果報發相。

(2)習因發相：若沒有看見發相，但自發精進之心，初夜、中夜、後夜，不惜身命的精進修道；或能通達精進的法門，乃為精進習因發相。

5. 禪定發相於「魔事境」中說明。

6. 智慧發相於「菩薩境」中說明。

(二) 惡發相

以六蔽說明。

1. 慳貪發相

若看見三寶、師長、僧人、父母，或形貌憔悴，或裸露身軀，或衣衫不整，或常常飢餓，寺廟空無荒涼；或看見一切東西皆被守護且封閉起來；或見慳吝的人對東西起歡喜心；或見求乞的人對東西生起瞋心，這些是慳吝的果報發相。

2. 殺戒發相

若看見三寶形相、師長、僧人、尊長或父母，頭首被殺斷落滿地；或身體皮膚裂開，受鞭打之苦；或看見身體與頭首分開，寺舍零落不堪；或看見父母互相辱罵，呵責三寶；或看見好殺的屠兒來到面前；或看見惡禽毒蟲圍繞其身，皆是瞋蔽的果報相。

3. 淫罪發相

若看見許多不淨物，如屎、尿、死屍等惡臭的東西當前；前面深水橫路於前，無法前進；或看見淫欲之人顯示不淨之相，令人見了穢惡可恥；或看見自己的色身皆是發臭之處；或看見重淫欲的人來說淫欲放逸之事；或看見禽獸與人相交，這些皆是淫罪果報發相。

4. 盜罪發相

若看見前生偷盜的地方，東西的主人來瞋罵，並搶回所偷盜的物品；或見到喜歡偷竊的人來勸說偷盜之事，這都是偷盜的果報發相。

5. 妄語發相

若是看見父母、師長、出家人或外人，因瞋恨而互相諍論計較，用種種技倆誹謗自己；或看見許多饒舌的人來，即是口業四種過患（妄言、綺語、兩舌、惡口）的果報發相。

6. 飲酒發相

看見醉酒的人，杯盤狼藉、穢物滿地，又睡臥其中；或看見自己身體昏沉沉的，坐立搖擺不定，這都是飲酒的果報發相。

以上所說，都是因破戒所感六種蔽害的果報發相，而發相的內容或先、或後、或是同時發、或是發時不定，乃因各人修持有別，其意義可以推知。

三、簡別善惡業相境

修持禪定時，有以上所說的善惡發相，是障道因緣？或者不會障礙修道？這其中有「非障而障」與「障而非障」的情形，而延伸出四種不同情況。

非障而障：假使修禪定時，先發善根發相，而於當下產生歡喜，並生起愛著傲慢的心而輕視他人，因為依仗這種證相，成為貢高我慢的根本，漸漸愛染名利，因此過患不斷輾轉而生，因此退失修道的心，進而捨戒還俗，無惡不作，這豈不是因最初的善根發相所引起的障道之惡？

障而非障：假使修禪定時，先發惡根發相，心生慚愧、恐怖、害怕，勤修各種懺法，以斷除這些相續不斷生起的惡念，永遠不再造惡業，並且勤修一切善乃至廣作佛事，這豈不是因惡根發相而去除障道之惡？

修習禪定時，產生的善惡根發相是否成為障道因緣，這是因各人情況而異。雖產生善根發相，容易因執著而成障道因緣；雖有惡根發相，卻因勤修懺悔能成就禪定。

所以善惡根相是否障道，要能理解其因。

（一）約生滅判別

第一種情況：若從生起與滅去的角度分析，所謂「善根發相時，生起愛著傲慢的心而造惡」的情形，這是表示「善相將消失而惡相將顯現」，這種善根發相滅時，同時惡相即會產生。

第二種情況：若是「惡根發相時，透過懺悔之力而去除此障道因緣」的情形，這是表示「惡相將滅除而善相將顯現」，此惡的發生正象徵善相的發起。

第三種情況：若是善根發相或惡根發相都不會成為修習禪定的障道因緣，這善惡相的產生表示善業不滅、惡業也不會發生。

第四種情況：若是善根發相或惡根發相都成為修習禪定的障道因緣，這善惡相的產生表示惡業不滅、善業也不會發生。

（二）約三諦判別

若是從真諦、俗諦、中諦的分別：於真諦（真空實相）而言，以上的善惡發相都是障礙。如《業淨障經》云：「一切惡障，一切善障。」意指於修禪定時，一切善惡都是障礙。若從俗諦（分別萬法的差別相）而言，真諦所言的善惡也都是障礙。若從中道諦而言，世俗諦中的一切善惡分別都是障礙。所以，於成佛前，障礙是不可能盡除的。

（三）約無作判別

若是從過去曾經有善惡心念才引發現今的善惡心，這是容易了解的，但是現在於修持禪定中，出現外境的善惡果報發相，恐非單因、單緣所生，所以很難知道實際發生的因緣。

善果報相乃過去善因積聚所生，不管是禪定前或禪定後發起，都屬於善性發相。若是單一生起的善相，大多是隨相而現，屬於無作善相。惡果報相是過去惡因積聚所成，不管是禪定前或禪定後發起，都屬於惡性發相。若是單一生起的惡相，也是隨相而現，屬於無作惡相。

單一生起的善惡果報相很難判別其因由，但大多屬於善惡不定的雜魔。若要仔細分別，禪定時的心境，可用定、空、明淨、喜悅、樂、善心生、知見明了、無累解脫、境界現前、心調柔軟等十法驗證，若非以上情況必是魔相。若是單一善惡相「常常來、時間停留很久、破壞禪心」，即是魔相。此為無作善惡相之判別。

修習禪定行人若能善知以上所說諸相，必能自利利他，成就菩提。

四、於業相境修習止觀（十乘觀法闡述之）

（一）觀不思議境

未說明不思議境之前，先說明「思議業境」：若所造的業能招感三惡道報，有上中下三品，上品是地獄，中品是畜生，下品是餓鬼。若所造的業能招感三善道報，謂上中下，上品是天，中品是人，下品是阿修羅。在上界（天）的不動業會招感色界、無色界的果報，善惡引發三界的業報都是由於「色心」二法所招感來的果報，而於果報體上又迷於色心，對身心起「常、樂、我、淨」四顛倒，故生死不斷，輪迴不已。

若是觀業（行為）本是因緣所生，無有自性（業性本空），不會生起四顛倒的煩惱，乃至煩惱斷盡，是名「聲聞界觀業」。

若是觀業是由於無明所生，因為有無明煩惱才有業的產生，因為有業才有名色的身心，有身心故有老病乃至老死。若是了知無明沒有真實性，即不會對現象起貪，取與有的煩惱也不會生起，既然沒有煩惱的無明就不會有造作的行，是名「緣覺界觀業」。

若是觀一切業的行為，如幻如化般無有真實，幻化現象即是空（無有自性），空即是涅槃，是名「通教觀業」。（通教行人之觀法）

若是觀一切業如大地，能生出種種芽，十法界四聖六凡的一切法皆從業所生，是名「別教觀業」。（別教行人的觀法）

以上解釋三藏教、通教、別教所修為「思議止觀」。

以下解釋不思議境，「深達罪福相，心、性是一，十法界互具，善惡共存」是其觀法。

所謂不思議境如《法華經》云：「深達罪福相，遍照於十方。」罪即是三惡道，福即是三善道。但了解三惡業相，不通達天、人、阿修羅的三善業相就不能稱「深達」，能通達惡、通達善，方為深達。若只是通達善惡業的相貌，不能通達善惡的體性，亦不能稱為深達。

解釋不思議境，引證《法華經》說明深達善惡業相的道理，何謂深達與不深達？

在不思議境的立場，心中還有善惡的觀念，還是屬於惡的性質，遠離善惡相分別才是善，是名深達。又，通達人天善惡是墮入三界的生死邊緣；通達二乘真理，遠離世間善惡，證入空涅槃，因入空有二邊，故不名深達。又，認為入空有二邊皆是惡，也不能稱深達。

別教菩薩能通達空有二邊，漸漸深入實相，故名深達。又，別教漸漸深入，未通達中道實相前，亦不名深達。圓教於修中道實相時，要通達實相方名「深達罪福相，遍照於十方」，如是深達，乃如實了知、分辨三界善惡，也不執著證入空，即是不思議的意義。

觀當下一念心起，即是具足十法界，名「十方」，十方是依報，十法界是正報。

假使沒有依報就不會有正報，既然有正報，就會有十法界眾生本具的性、相、本末等十如是[3]，故成「百方」[4]。如是推展以上所說的一切法，都是一念業所形成的，故名「一業一切業」。

《華嚴經・菩薩明難品》中，文殊師利菩薩問覺首菩薩：「佛子！心、性是一，為何能生種種諸業？」覺首菩薩回答：「譬如大地能生種種芽。大地若獲得雨水、毒藥，眾芽一時間就會蒸發成長。現在法性地，獲得修行的道雨，善惡業的芽種在一念間就會爭相競起。」業是法界中有情無情都具有的特質，故稱不思議境。

（二）真正發菩提心

首先以「次第三諦」說明慈悲的生起，後以「一心三諦」來總結發菩提心的要義。

假慈悲：菩薩已了達空理，故能於事相上超越善惡的分別，生起假觀的慈悲心。既然能了解業相境的內容，善惡都是共同存在，隨眾生的善惡而生起慈悲心。罪與福的義理皆是無自性，不屬於違與順。若違逆這種空義，於相上執著，即成罪惡；

隨順空義，不執取境相，即成福德。例如：世間萬法的精神與物質現象隨因緣生滅無有自性，故「非違」、「非順」。假使犯了偷盜，既造三惡道的惡業；若能捨棄偷盜的行為，成就「不偷盜」的福德，就有三善道的業。菩薩能深達這種非違非順的空理，對於違逆造惡業的眾生生起悲心，對於隨順造善者生起慈心。

空慈悲：從空有的層次而言，空的真諦是「無言說道」，也不屬於違與順。違逆空理，則造就六道有漏的煩惱業（有）；隨順空理，能夠成就三乘無漏的業（空）。菩薩能深達這種非違非順的空理，對於違逆造作有漏業眾生生起悲心，對於隨順出離三乘無漏業者生起慈心。

中道慈悲：於中道諦也不是違與順的範疇。違逆，就有漏、無漏業的分別，而落入「有」、「無」二邊的業；若隨順這種離兩邊的偏執，就能成就「非有漏」、「非無漏」中道的業。如《法華經・如來壽量品》說的「久修業所得」，即是中道業也。菩薩深達中道實相，故能「於違起悲，於順起慈」。於三諦生起慈悲心的內容，如次頁圖：

三諦		業相境	起慈悲心
假	盜之	三途惡業	起悲
	捨之	三善道業	起慈
空	違之	六道有漏之業	起悲
	順之	三乘無漏之業	起慈
中	違之	漏、無漏二邊之業	起悲
	順之	非漏非無漏中道之業	起慈

一心三諦：若能深達以上所說的道理，不管是假諦、空諦或是中道諦的違順，只是在一念心中，是三無差別的，也就是一念慈悲心沒有前後分別，故名「真正菩提心」也。

（三）善巧安心

發真正中道諦菩提心後，安心於真理實相中，能隨順一切善而止息一切惡。因息一切惡，故名「止」；因隨順善，故名「觀」。觀「業」是假合而有而安心，自能止息惡、隨順善。觀「業」是中道實相，不落入空假兩邊執，止息惡而隨順善；因為隨順，故名為「觀」；因為止息，故名為「止」。如此觀照「業相」，是名「觀業善巧安心」。

（四）破法遍

在《阿毗曇論》與《成實論》皆主張「業相」行為隨時間消失後，未來一定會受報。經典中，佛說有三種業，現報、生報、後報業。此身造業此身受，名「現報」。

若此世造業，來生受報，是名「生報」。此世造業，經過好幾世才受報，名「後報」。

今從豎的角度觀察此業：若業力已經過去，過去不就消失了？為什麼還會有業？假使業力是未來才有，而未來還未到，為什麼會有業？假使業是屬於現在，現在念念不住；假使念頭已經過去了，即屬於過去；假使念頭還未發生，即屬於未來；念頭即起即滅，哪一個是現在？

從橫面而言，假使說去時有「業」名現在的話，「去時」是業或「去者」是業？是「去時」去還是「去者」去？如此觀察，現在及業亦不可得。

由三世來觀察，從橫豎面搜求，善惡業皆是不可得，故畢竟清淨（空觀）。若說有善業、有惡業，只是世間語言、文字、假名的分別，不可以聽到名字就以為是真實的（假觀），是什麼緣故？追求實相，不在於虛名上找尋，世間虛設的假名是沒有自性的，雖有分別，但如用指頭指著虛空，是沒有任何感受或善惡業的造作（中觀）。於空、於假、於中，三諦悉歸寂靜，是名「破法遍」。

（五）識通塞

對於觀業相時，「業」的通達或障礙可以四句來推檢：業、非業、亦業亦非業、非業非非業。業，即是有漏；非業，即是無漏（空）；亦業亦非業，即是亦有漏亦無漏（假）；非業非非業，即是非有漏非無漏（中）。每一句之中都能明白認知有所造作即為煩惱因（集）、造作煩惱業果（苦），於心中了知不起煩惱業（道），方能入寂靜處（滅），故言「識通塞」。

（六）道品調適

首先從三藏教的四念處論五蘊與身口意三業的關係：

主張《成實論》的人說：單單生起意業（念）是心念處，屬於識陰的範疇，還不構成業的條件。形成意業，領納名得，是受念處；思惟假名，是想陰；行與緣相同，是行陰，想、行兩蘊共成法念處。故要成就「意」的業，必須有心、受、法三念處。

而身與口是歸屬色陰，名身念處。如下圖右：

主張《毗曇論》的人說：心所與心王是同時生起的。心王即是心念處；受心所即是受念處；想心所及其他心所皆屬行陰，即法念處；心王、心所皆依色而生起，即是身念處。同一時間或不同時間內都有四念處的作用。如下圖左：

辨無作念處：今觀此「業」具足十法界、五陰，即是具足一切四念處。眾生雖有十法界之別，但色身都一樣稱為五陰，此十法界眾生色身的業力即是身念處。此十法界眾生的色身，各由不同因緣所生，本是實相，故非屬清淨或不清淨，而且一樣具有受

意業單起——識陰	——心念處
意得實法——受陰	——受念處
想得假名——想陰 行則同緣——行陰	——法念處
身、口業——色陰	——身念處

心王		——心念處
心數（所）	受	——受念處
	想 餘數	——法念處
王、數依色起		——身念處

想行識的四陰，所以含有三念處（心、受、法）。而此三念處其本質是非苦、非樂，非我、非無我，非常、非無常，不落兩邊，中道實相也，如此觀察，乃至空、無相、無作的三解脫皆是無有所作的實相，是名「道品」也。

（七）助道對治

修道中若有障道之業，用念佛予以對治。若是惡業粗重，除念應身佛的三十二相好莊嚴外，復念報身佛的無量功德，共同破除過去的習因惡業。若是單一善習因心生起，念法身佛予以對治。另外，念應身佛的三十二相好，能破除善業的果報；念法身佛，協助破除惡業果報。因念佛的威神力故，轉惡業障礙進入涅槃門也。

念應佛：三十二相 念報佛：無量功德	破習因惡業
念法身佛——	破報果（惡業）
念法身佛——	破習因（善業）
念應佛：三十二相——	破報果（善業）

（八）明位次

若能如是觀照，清楚明了各階位之內容及層次，就不會有「未得謂得、未證謂證」的過失，名「知位次」。

（九）明安忍

修道過程中，能安然忍受內、外各種障礙，用各種法門予以對治，使修道無礙，名「安忍」。

（十）明法愛

若於修道中，引發相似見道的善根發相，如：定中見佛、見諸聖眾、知宿命等，都不是真正進入聖道的現象，不可因此生起執著法喜之心，若不生起念欣喜的執取心，於禪定中必能任運自在，自然證入解脫的清淨境界。

結語

依《法華經》圓教一佛乘的立場，依大乘的十乘觀法來修行，能獲得無量、無漏清淨的果報，並能獲得無上圓滿的報身，獲得神通自在之力，深達一切罪福（指有為法、無為法）之相，究竟無染，是名「清淨即是法身」；於此清淨法身，回歸本自具足的真如法性，圓滿智慧，遍照無邊，故名「無上即是報身」；從佛界中，應化於九界，普門示現，廣度眾生，故名「自在即是應身」。

如是法身、報身、應身三身具足，即是《法華經》所說的「大乘高廣，直至道場」，究竟圓滿佛道。

【註】

1 十師：僧尼受具足戒時，戒場必須具足的戒師人數，又稱十師、十僧。三師：得戒和尚、羯摩和尚、教授和尚；七師：七位證明授戒的蒞會比丘。凡此十師均須於受戒前恭請之。

2 出家戒法有五篇七聚的組織：五篇是戒法的歸類，包括波羅夷、僧殘、波逸提、波羅提提舍尼、突吉羅等五種戒法；七聚是犯戒的罪名，由重至輕的次第包括波羅夷、僧殘、偷蘭遮、波逸提、波羅提提舍尼、突吉羅、惡說。

3 十如是：天台宗以十如是作為諸法的實相。十如：如是相（形相）、如是性（體性）、如是體（體質）、如是力（力用）、如是作（所造業）、如是因（所種因）、如是緣（助緣）、如是果（由緣發生的結果）、如是報（招感的報應）、如是本末究竟。以上相為本、報為末，最後的歸趣即究竟。

4 百方：十法界中的每一界，情與無情，色心萬法，皆具足十如是，十乘以十即成百。

觀魔事境

《摩訶止觀》十境中的第五境「魔事境」，所謂魔事即若行人禪修過程中，心中順著生死、貪著五欲、退失菩提心、嫉妒瞋恚等念頭，皆屬魔事。行人過去曾造魔業，今修禪定的緣故，引發宿世的業緣，故說魔事，而此魔以破壞行人的善法為能事。假使心中沒有雜念、妄念，自然沒有魔事，若有邪念、貪欲心，就容易生起魔境，為害心、身、五根等。對治之法，以「求心不可得」，故魔事亦是虛妄的，邪法即然消滅。故當用止觀，觀魔界當下即為佛界，無二無別，因緣所生無有自性故。

今從經文內容說明「魔事境」的緣由：行人修四種三昧[1]時，惡業將消除、善法生起時，魔恐怕行人若出離此煩惱境後，能以智慧力度化他人，使不信者產生正信、使正信者生起善心，就會減少魔之眷屬；又想到行人因修持三昧獲得大神力、大智慧力，必然能調伏、戰勝各種煩惱，所以要破壞行人的善根，故有魔事。

若行人的功行道力淺弱，是不會驚動魔王波旬的，其他的鬼神屬於欲界六天所管轄，當入欲界定時，應當防犯鬼神來擾亂。所謂「道高一尺，魔高一丈」，隨著禪定的功行，自然會伴隨魔境的產生，此為過去惡業升起所致。故《大品般若經》說：「魔事、魔罪不說者，是菩薩惡知識。」[2]

若能了知邪、正之法性如一，則魔界如、佛界如。因為魔與佛為相對兩個概念，有魔界之邪即有佛界之正，反之，有佛界之正亦相對有魔界之邪。如魔佛相忘，則邪正一如，魔界如即佛界如。所謂「懷抱心性湛然」，即是正、邪、佛、魔兩忘，則為平等一相。

「觀魔事境」分為五項說明：一、分別魔事的同異處。二、說明魔事發相。三、說明妨損。四、說明治法。五、修持止觀。

一、分別魔事的同異處

魔可分為五陰魔、煩惱魔、死魔、天子魔。「陰魔」已屬於陰入界境，「煩惱魔」已屬於煩惱境，「死魔」病是死因，已屬病患境，今魔事境所說的是「天子魔」。若人執取世間是「常、樂、我、淨」四顛倒，此四顛倒是煩惱魔，因有煩惱魔故，即有陰入魔，有陰入魔的緣故，即有死魔，既然未出三界，即是屬天子魔。

約三界辨同異

若破除三界內執著「常、樂、我、淨」四顛倒，分段生死的魔事雖已斷除，但尚有三界外執著「無常、苦、空、無我」四顛倒，此是界外煩惱魔，因為有煩惱魔的緣故，就會執取無等等色（各種色質），這即是界外的陰魔，即然有五陰魔就會有死魔。

十住、十行、十回向之三賢及登地的十聖，乃至等覺位的菩薩，已不再有煩惱魔、陰入魔、天子魔，唯有一分死魔在，是為界外三魔。雖然沒有第六天的天子魔，但赤色三昧[3]還未達到究竟，通名為天子魔。若是入妙覺位，事理圓融，無明斷盡，故沒有煩惱，不執住於果報，故沒有死魔，赤色三昧已究竟圓滿，魔事至此究竟斷除。界外四魔如次頁圖：

「無常、苦、空、無我」四顛倒——煩惱魔

無等等色——陰魔

三賢十聖至等覺——死魔

赤色三昧未究竟——天子魔

《華嚴經》中所說的十魔也是這個意思，經云：「菩薩摩訶薩有十種魔，何等為十？一者五陰魔，貪著五陰身故。二者煩惱魔，煩惱染汙故。三者業魔，能障礙故。四者心魔，自憍慢故。五者死魔，離受生故。六者天魔，起憍慢放逸故。七者善根魔，恆執取故。八者三昧魔，味著故。九者善知識魔，於執著心故。十者菩提法智魔，常不捨故。」

以上所說十魔皆通三界內外，若是別論者，有六項是屬於三界內魔，其餘四項通三界內外。界內六項：第一陰魔、第五死魔、第六天魔是界內三魔；第二煩惱魔、第三業魔、第四心魔，合為界內的煩惱魔。

二、說明魔事發相

修道中，任何邪念都通稱為「魔」，若仔細分別，不出三種：一者惕鬼；二者時媚鬼；三者魔羅鬼。三種發相各各不同。

（一）惕鬼

行人坐禪的時候，也作種種形狀來惱亂行人；或者如蟲蠍般在人的頭部、臉部，很明顯的鑽刺不止；或者在人的身體，上下翻覆不已。雖然不會有痛苦，只覺得一絲絲的難耐。或者鑽入人身，啾啾的作聲，喧鬧不已。有時忽然抱著人身，讓行人感覺好像有東西在，但捉不得。或者現出種種怨親的不同形相，來惱亂行人。因為有四隻眼睛、兩個嘴巴、面像琵琶，故是最惡的夜剎鬼。

（二）時媚鬼

《大集經》中說十二時獸各在寶山中修法緣慈，經中記載：「南方海中有琉璃山……有一毒蛇在中而住，修聲聞慈……中有一羊修聲聞慈……中有一龍修聲聞慈……是十二獸，晝夜常行閻浮提內，天人恭敬，功德成就已。」此時媚鬼是精媚之主，平時只是示現而已，若真實出現，才會惱亂行人。

假使於禪修時生起邪念，大都是時媚鬼變化種種形相，或作年輕的男女、老者、禽獸的形相令人畏懼，於禪定中惱亂行人，這些精魅惱亂行人都各別隨著不同時間而來，行人應該善加識別。

若於寅時（早晨三至五點）來惱亂行人的精魅，必是貍、豹、虎。若是卯時（早晨五至七點）來的，必是兔、鹿等。若於辰時（早上七至九點）來的，必是龍、鼉（形狀像鱷魚，四隻腳，俗稱豬婆龍）等。若於巳時（早上九至十一點）來的，必是蟒、蛇等。若於午時（早上十一至十三點）來的，必是駝、馬、驢等。若於未時（下午一至三點）來的，必是羊等。

若於申時（三至五點）來的，必是猴、玃等。若於酉時（黃昏五至七點）來的，必是雉、雞、鳥等。若於戌時（晚上七至九點）來的，必是狗、狼、豺等。若於亥時（九至十一點）來的，必是豬、貐（形似龍頭，馬尾虎爪）、豕等。若於子時（半夜十一至一點）來的，必是貓、鼠、蝙蝠等。若是丑時（半夜一至三點）來的，必是牛犢等。

修行的人，假使看到此時來的動物，就知道牠是某一種獸精，說出這獸精的名字，給予苛責，這種鬼魅現象就會消失。

（三）魔羅鬼

魔羅鬼為破壞行人的二善、增長二惡而來，所以牠喜歡從人的五根作強、軟（可愛境、不可愛境）來破壞行人的正念，這都是魔王波旬的眷屬，有時是魔王自己來擾，故是最難調伏的。（二善：發四弘誓願為自己所生起的善，將修各種德行（未善）。二惡：見思惑是自心的煩惱惡，無明是入聖位的障礙。）

令墮惡：假使行人能守住六根，不為外境所誘惑，魔就無法從內得逞，就會從外在的信眾、師僧、同學、弟子，以六根接觸六塵產生的六識分別來惱亂行人。過去精進的比丘不受內外魔惱，不耽溺於可愛與不可愛境，魔王自然退去。故，行者應善觀察師徒、信眾的各種煩惱相貌，以免墮入惡的魔障中。

令墮善：又，魔是很靈巧的，一開始就想讓行人墮入煩惱惡相中或許不得成就，所以假使行人不隨外相起惑，就令行人生起造塔、造寺的純善執著，以妨礙行人修習禪定。

令墮二乘：假使行人定力深，不會生起善行的我慢心，就讓行人墮入出離三界的二乘心境，自以為已斷除煩惱而不再發菩提心，令以為趨向佛道。

令墮無方便空假：魔羅鬼除了使行人墮入惡念而造業，或者墮入善業的執著，或者墮入二乘的自了境界外，還會令行人墮入「無方便空」[4]，以為沒有真實的佛、沒有真實的眾生，而墮入「偏空」裡（頑空）；或不了解世間萬法雖是因緣無自性生，但具有世俗的應用善巧（借假修真），而墮入「偏假」中。魔羅鬼利用種種的方法，就是要使行人不能生起正慧，進入圓教實相。

阿難、笈多學習不退轉法門時，曾為魔所惱亂，何況是初發心的人，難免會有自、他等三十六種煩惱箭[5]所傷。

從「義理」敘述魔事發相的相貌：若能了知魔與佛皆是因緣無自性生，法性平等無二無別，入於實相，就不會產生怖畏「魔」的心了。如《涅槃經・四依品》說：聲聞人「斷惑入空」，故說調魔；大乘人「體法入空」，無魔可調，方稱為「斷」。既能一心入理實相，何來強、軟二魔？

三、說明妨損

魔羅鬼擾亂行人的情況，從前五根的強、軟（可愛、不可愛境）而言，有令人生病、失去觀照的心、染得邪法三種過失：

（一）令人生病

令人生病有種種相貌，若從五根入，乃指五惡業所感的五臟病：若殺罪之業是肝眼病，飲酒罪業是心口病，淫罪業是腎耳病，妄語罪業是脾舌病，若盜罪業是肺鼻病。身體遭受病苦，心則迷茫荒亂，喪失禪定而致死，因為修習禪定中，任何病況都有可能與業、魔擾有關。

（二）失去觀照的心

修觀的過程中，若能在所緣境中持續修習，必能產生善法且獲得安穩。假使五根受到魔羅鬼（妄念、邪想）擾亂，於所見、所聽或所嗅之後，會讓心境昏沉、恍惚，無法有次第的觀想，導致失去觀照的心，此乃魔羅鬼所為。

（三）染得邪法

修習禪定時，染得邪法，可從二十種相貌來驗證：

1.有者：從色入者，眼根可以見到山河大地、日月星辰、宮殿堂宇，也看見種種幽暗相貌等色。

2.無者：從色入者，眼根所見世間諸法猶如斷滅一樣，空無所有，說灰身滅智，無一法存在，這是錯誤的邪見，令人恐怖畏懼。

3.明者：從色入者，豁然開朗，所見清晰光明，如日月遍照一般。

4.暗者：從色入者，坐時心中暗瞑，無所覺知。

5.定者：從色入者，感覺身體極為實在，而且堅韌，如木石。

6.亂者：從色入者，心意撩亂，攀緣不住。

7.愚者：從色入者，心識愚昧，昏迷顛倒，不知羞恥。

8.智者：從色入者，坐中心識極為銳利，知見聰明無礙，卻心生邪覺，終致破壞了三昧。

9.悲者：坐時心裡憂煩、熱惱不安，憔悴不歡喜。

10.喜者：坐時心中歡喜踴躍，卻湧動不能安定。

11.苦者：坐時身心感覺疼痛、懊惱。

12.樂者：坐時身心甚為快樂，貪著纏綿，不能脫離。

13.禍者：坐時處處不如意，常自惹禍，也為他人造禍，同時了知造禍因由。

14.福者：坐時能自招來福德，也能為他人造福。

15.惡者：心中沒有慚愧心，各種惡心念不斷生起，此為惡相。

16.善者：自己行布施持戒等，也勸他人行布施等善事。

17.憎者：心中憎恨，見到人就不耐煩，自行獨來獨往。

18.愛者：愛著禪定，不得自在。
19.強者：坐時心念剛強，出入不得自在，如瓦石般難迴轉變化，不能隨順善道。
20.軟者：坐時心志軟弱，極易敗壞，猶如軟泥一般，不堪作為器用。
以上所說二十種邪法，皆是坐中過與不及的境相，於「禪定境」中當廣為說明。

四、說明治法

對治愓鬼、時媚鬼、魔羅鬼，各有其對治法：

（一）對治愓鬼

愓鬼的來由，是在拘那佛的末法時候，有一比丘喜歡擾亂眾僧，後來被驅擯，這比丘發了惡願，要做愓惡鬼，常惱亂坐禪的人。此是愓鬼的根源，他的業報也許已經消除了，但是與他相同業報的鬼也會惱亂行人。

當惕鬼來時，要閉目一心，呵斥：「我知道你的名字，你這個魔鬼是閻浮提中，食火、嗅香、偷臘、吉支、邪見的喜歡破戒種，我是持戒的人，我是不怕你的。」當下魔就會消滅。因為魔鬼只怕人知道他的名字，如今非但被呵斥，又加痛罵的叫出名字，他就不敢擾亂了。若無法滅去，應密誦戒序及戒本，因為各種戒法都有護法神，這種鬼最怕戒法，假使誦戒，諸鬼就會匍匐而去。

（二）對治時媚鬼

時媚鬼是十二時獸變化種種形相，或作年輕的男女、老者的形相、令人畏懼的身相，於禪定中惱亂行人。

修行的人假使看到此時來的動物，就知道牠是某一種獸精，說出這獸精的名字，給以呵責，這種鬼魅現象就會消失。假使是隱居修苦行的人，會留有一方形的鏡子掛在座位的後方，時媚鬼看到鏡中自己的影像，又不能改變鏡中色相，自行慚愧就會離去。

（三）對治魔羅鬼

魔羅鬼於禪定中，會現出可愛或不可愛的五塵境來破壞修行人的善心，對治魔羅鬼的方法有三種：

1.初覺：呵斥他，如守門的人遮除惡人不能進入。如佛告比丘，一切外在東西都不接受，以不接受的方法能對治一切時中或外來的魔事。

2.假使魔已經現前，應當從頭至腳一一諦觀，求魔不可得。又，求心亦不可得，魔從何來？煩惱又是什麼？例如：惡人進入房舍時，處處觀照、檢視，不令惡人停留。

3.如是作觀時，種種魔境界還是遲遲不去，則應當生起正念，以不惜身軀性命，為法忘軀的精神，正念不動，誓死也不與魔共住。

以上是對治魔羅鬼的三種方法，《大智度論》言：新學菩薩道力弱，若能修習空觀，就能驅魔。

五、修持止觀

（一）思議境

明三惡界：假使魔事生起時，隨順魔境中的現象就會造作各種惡業而墮入三惡道，《大般若經》記載：有四種善事會墮入三惡道：一、為了要勝過別人而去讀誦經典。二、為了名聞利養而受持戒法。三、為了攝受他人來順從自己而行布施。四、為達到無的境界而繫念思惟。

明三善界：假使隨順魔境而生起善念，為了攝受他人來順從自己而行布施，雖生於善道，但因心念不正，生生世世相互影響，有時會隨言語、行為而表現於外相上。若是當生的生命結束，就會隨此業去受報。假使想修道的話，就會障礙不斷。《大品般若經》說「是菩薩，有魔、無魔」，即是從這個角度來說的。以上即是生三善道的情形。

明二乘界：修習禪定中，魔羅鬼會化現影響行人的心念，使行者自覺已證入涅槃的解脫境界，此乃自修自證的結果，與眾生無關，何必跟眾生一樣在人間受苦，不如取證涅槃出離三界。魔令行人有此心念，此人則墮入二乘界中。

明菩薩界：修習禪定中，魔羅鬼會化現影響行人的心念，使行人於禪境中迂迴旋繞，不能升進，無法迅速進入菩薩道，此則墮入菩薩界中，此為通教至別教的菩薩。

以上所說，從三惡、三善、二乘、菩薩界中，各有深淺的區別，皆屬思議境的範疇。

（二）不思議境

以下解釋不思議發相，止住一切境相不動，名止，故觀魔界即是佛界。

1.正明妙境

在不可思議境中，就魔事而言，於一念中具足百法界（於十法界中，各具其他九法界性故），一切法都具有魔的法性，如人夢中能具足一切事一樣。

一魔的法性與一切魔的法性相同，一切魔的法性也等同一魔的法性，故一魔等同一切魔，一佛亦是一切佛，佛界即是魔界，兩者法性不二不別，若能如是作觀，降魔當下即是道場。

上根利智的人，對治魔惱以顯法性理，故以魔為侍者，於魔事不覺恐怖，如薪材能增加火勢。如《維摩詰經》中，因持世菩薩是別教菩薩，從緣修觀中不知帝釋天乃是魔擾，而維摩詰居士是圓教菩薩，真修寂照，於所觀中無所出入，方知是魔。於魔境中，不畏懼魔，於生死中有智慧之勇，是名不思議境。

2. 明發心

若能通達魔界法性，當下即是佛界（因佛界與魔界的法性是相同的）。而眾生不知這種道理，故於佛界的法性理橫生各種煩惱（魔界），於菩提中產生煩惱，是故生起悲心，想令一切於魔界的眾生進入佛界，於煩惱中產生菩提，是故發起慈心。

「慈」施與眾生「魔界既佛界」之法樂，所以是「慈無量佛」，「悲」濟拔眾生「佛界既魔界」之苦厄，所以是「悲無量魔」，施予這種無量的慈悲即是「無緣的同體大慈悲」也。

3. 明安心

想要圓滿佛道的願以顯出實相理，應該以降伏眾魔來作道場。能於八十億眾前不會動心，名「止」，通達魔界實相（法性空故）即是佛界實相，名「觀」，但以四悉檀法及止觀安住身心。

4. 明破法遍

若有魔事生起，即以四句破除：橫、豎、單、複，令煩惱都能盡除，無有障礙。

以下用四教教義分別說明：

三藏教：歷經三祇百劫，降伏四魔，安坐道場時，以三十四心[6]斷除見思惑，破除煩惱魔，證得菩提道，入無餘涅槃後，獲得法性身，破除陰入界魔，降伏煩惱魔與陰入界魔的同時，一併破除死魔，於菩提樹下，一切處心不著相故，證得不動三昧[7]，破除八十億魔兵，破他化自在天子魔。如左圖：

破四魔		
三藏教	伏四魔，坐道場，得菩提道 得法性身	破煩惱魔 分破死魔 分破陰入魔
	道樹下，得不動三昧——分破天子魔	

通教：剛開始獲得無生忍，至第六地證得菩提道，如藏教，而在第八地後，利他之化道與自利之觀法[8]同時並行，入不動三昧，破除天子魔。在藏教與通教的聲聞不破天子魔，故初為所惱，而修得神通後雖能調伏，但未能斷除。

別教：別教十住已破除三界內的四魔，登地後，分得菩提道破除煩惱魔，分得法身破陰入界魔，分得赤色三昧（無分別智）能破除他化自在天的天子魔，如《瓔珞經》云：「等覺地，三魔已盡，唯一分死魔在。」此為別教之方便說。如左圖：

別教		
十住		——破界內四魔
登地	分得菩提道	——破煩惱魔
	分得法身	——破陰魔
	分得赤色三昧	——破天子魔

圓教：於圓教初住位，俱破煩惱魔、陰魔、死魔、他化自在天子魔、無常、無樂、無我、無淨等八魔。證得菩提道破煩惱魔，乃至到妙覺位，此八魔究竟永遠盡除。雖然言初住破八魔，但並非於初住位破除，雖然至妙覺位破除，但也並非是妙覺

位破除，因為圓教斷惑，一時圓破、俱破，無前後之別，故不離初住、妙覺位，是為破法遍。

5. 明通塞

於以上四教中，一一破除魔法中，善能分別、識知煩惱、苦、無明、蔽害、得度，是名識通塞。

6. 明道品

魔界具足一切色，而色的本質即是空相，雖然色本身是不淨的，但色是假合而有，無有自性，故為淨。若色即是中道實相，即離淨與不淨二邊執，其餘受、想、行、識的四陰也是如此，是名「一念處、一切念處」[9]，乃至三解脫門（空、無相、無作）。

7. 明對治

假使道品門未開，必定有事障的緣故。久遠劫來，為魔所使喚，為得果報而布施，為名聞利養而持魔戒，為畏懼他人而行魔忍，為求好名聲而習魔精進，味著鬼神通而得魔禪，樂著於魔慧而墮入分別妄見網中。

以上六法，相上雖稱為善，但因著相行善，故是煩惱（魔）。為生死故，即成魔度；違反菩提道，所以成為蔽害。今以實相理而呵斥「有為相」（事相）的缺失。此六蔽雖然相似於六度，但因不為菩提所作，皆屬魔所攝。前面四度灼然生死，所得禪定與鬼相通，所得般若不離妄見執著。今用正六度對治六蔽法，蔽害去除即成就六度，如油多了，光明就熾盛。若有雜煩惱，當用前面所說觀法來對治，若是雜中有惡業，藉由念佛的色身相好、法身真理（各種法門）來對治。

8. 明位次

若是小乘調伏斷除見思惑盡乃至到圓教五品位（外凡位[10]），都還是聞慧的階位，在此階位尚未成就道業，豈可濫稱證得真諦而生起增上慢？

9. 明安忍

假使想證入真諦（空），應當於境界上一心安忍，不為魔所動亂，窮盡淨心細微觀照心境，若是慢心生起應當予以呵除，安住於定境中。

10. 明離愛

假使進入相似即[11]，獲得六根清淨的功德，不可生起高傲心、貪愛心，易使定境下墮。譬如有大功勳，卻被罷黜為小縣令，或失去福祿，或失去生命。若生起法愛就如犯罪一般；但發相似的「解智」，就如小縣令一般失去相似的解智，如同失去福祿；若墮入二乘境地就如失去生命，因喪失大乘菩提家業的緣故。若遠離對法的愛著就能從相似即入真實位，調伏魔成為侍衛，直至菩提道場。又，退失智慧如同失去功勳，退失禪定如同失去福祿，而智慧禪定俱失如同失去生命。

十乘觀法有通別二種意涵：一、通：從陰入界境的十種境相起觀至其他九境，名之為通。二、別：只觀第一不思議觀。因行者根機較鈍的緣故才開十乘法門，若能先了解通的意義，循序漸進，就能依時節因緣頓入任一觀門，通達境境皆是實相。故，雖有十乘之別，但法法（每一門）皆能通達無生。

【註】

1 四種三昧：常行三昧、常坐三昧、半行半坐三昧、非行非坐三昧。半行半坐三昧含方等三昧、法華三昧，非行非坐三昧又名覺意三昧。

2 魔罪：因魔有事，因事生罪，故名魔罪；心中若順生死，皆名魔罪。若教菩薩遠離六波羅蜜，是名魔事；又有惡知識，亦稱魔事。

3 赤色三昧：破他化自在天的執。菩薩修戒定慧，破諸煩惱，能證得赤色三昧。以此天果報，宮殿、服裝、器具一切皆赤色故。

4 無方便空：惡空假也。不善觀察因緣的本質，不了解諸法皆是無自性空（世俗諦）也不了解諸法是法性空、相空（勝義諦），雖然能生起空見，但無法去除煩惱。

5 三十六箭：六根接觸六塵，產生六識分別，而形成萬有的一切現象，稱為十八界。自、他各十八界即三十六界，眾生常為三十六界之煩惱所傷，故稱為三十六箭。

6 三十四心：以八忍、八智之十六心，及九無礙、九解脫之十八心，頓斷見思習氣而成正覺。

7 不動三昧：《達摩多羅禪經》記載：「即能思惟觀察五陰，了達深法滅除生死。……如是修行法相，具足成就。得增上厭離意，堅固精進不可動轉，得甚深三昧、堅固三昧、不動三昧。」

8 道觀雙流：通教十地之中，第九地菩薩所修行之相。「道」指教化他人之方法，「觀」乃自觀空理之觀法。利他之化道與自利之觀法同時並行，稱為道觀雙流，又名阿鞞跋致地。

9 一念處、一切念處：一念含三千萬法，故一念一切念。因為三千萬法不外於一念心故，其他四陰亦可作如是觀。例如：一想亦含三千萬法，故一想一切想，因為三千萬法不外於一想中故，甚至魔界乃至三解脫門，均不出一念、一想中。能明白此中道理即謂道智門已開。

10 外凡位：指圓教五品外凡位，即：一隨喜品，聞實相之法而信解隨喜的人；二讀誦品，讀誦《法華》及諸大乘經而助觀解的人；三講說品，將所見解的佛法說出以利益他人的人；四兼行六度品，是兼修六度以助觀心的人；五正行六度品，是正行六度以自度度他，事理具足，觀行轉勝的人。十住以上稱為聖者，十住以下皆是凡夫，為別於十信內凡，故稱外凡。

11 相似即：別教所立之十信位為發類似真無漏之觀行者，入此位則得《法華經》所說六根清淨之德，故稱為六根清淨位。

觀禪定境

《摩訶止觀》十境中的第六境「禪定境」，在前觀魔事境中，雖然魔事的問題已經解決了，但還沒有真正證悟，若耽著禪定中的法樂，就會被種種的禪定境界所束縛而墮入增上慢，影響禪定的進退，現在「觀禪定境」即是解決禪定中所發生的問題，以成就止觀行持。

《阿含經》中提到五種會退失羅漢果位的情況：一、長病；二、遠行；三、諫諍；四、營事；五、多讀誦。這些都是修禪定的障礙，就禪定中的境相分四項說明：一、禪定的開合；二、引發禪定的因緣；三、說明諸禪發相；四、依禪定境修習止觀。

一、禪定的開合

禪定門種類無量，約有十門：1.根本四禪；2.十六特勝；3.通明；4.九想；5.八背捨；6.大不淨；7.慈心；8.因緣；9.念佛；10.神通。這十門可綜合為五種也可以展開為十五種，不論是五種或十種或十五種，都是透過自己的力量以具足禪定力，再結合外緣而引發不同之禪定發相。以下說明開合的情況：

（一）就「理事」論諸禪的開合

開五為十：在數息觀、不淨觀、慈心觀、因緣觀、念佛觀的五停心觀中，從數息觀可以修習十六特勝、通明禪；從不淨觀可以轉修八背捨、大不淨觀；慈心觀、因緣觀、念佛觀此三觀沒有相關的修習門，但除本身事上的修持外，皆屬於修道的根本，所以皆可配合「念佛」來觀修。

合十五門為十：數息觀與不淨觀各有三門，因各有所修境相的緣故，故不能綜合。慈心觀可有三門，但可以綜合為一，即是眾生緣慈，從禪定門而言，修持眾生緣慈可從事相的修持入無生之理，通達理事無礙。法緣慈是二乘聲聞緣覺直接入無生理所修的法門。無緣緣慈是大乘菩薩直接進入中道實相理所修的法門。

所以若論「合」者，歸事相修的眾生緣慈；若論「開」者，則「事」歸眾生緣慈，「理」歸眾生緣慈、法緣緣慈、無緣緣慈。

「合十五門為十」的禪法中，因緣觀有三門：1.三世十二因緣觀，屬「粗相」的觀法。2.一世（果報）十二因緣觀。3.一念十二因緣觀，屬於「細相」的觀法。

「粗」乃重視事相的觀修，「細」重於義理的分析，故，存事（三世十二因緣）入理（果報、一念十二因緣）為因緣觀之三門也。念佛也有三門，但取念應身佛為「事」，報身佛、法身佛為「理」。神通在任何觀境中皆會引發，但取五神通為主。

說明五種禪法開為十門或十五門之內容，如次頁圖：

（二）分判十門禪屬有漏或無漏

現於修持禪定中，若緣事相修持，是屬於有漏禪。若修空、無相、無作者為無漏禪。今分別談有漏禪、亦有漏亦無漏禪的內容：

有漏禪：根本四禪是世間凡夫、外道所共修證的法門。若是自己專修此四禪者，只能發有漏的禪定，可證入四禪、四空定、四無量心的境界。若是為了利益眾生，如《阿含經》所說：為了求法，必先作外道（喻示尚未入心性修）僕使四十八年，方能

開		合		
五門↓	十五門	↓十門		
數息	數息	根本四禪		
	隨息	十六特勝		
	觀息	通明		
不淨	觀想	九想		
	背捨	八背捨		
	大不淨	大不淨		
慈心	眾生緣慈	銓次事法，存事唯一	（事存）	慈心
	法緣慈	二乘入理觀　粗——	（名理沒）	
	無緣慈	大乘入理觀　細——		
因緣	三世十二因緣		事（存）	因緣
	果報十二因緣		理（沒）	
	一念十二因緣			
念佛	念應佛		（存）	念佛
	念報佛		（存）	
	念法佛			
神通：約九禪上發，不專據一法。				

入道。

亦有漏亦無漏禪：十六特勝、通明禪兩門，既使無佛出世，利根的凡夫也修此禪法，但不發無漏（不能斷除煩惱）。若有如來說示，就能斷除微細惑發無漏禪。與其他禪法相比，禪定力雖弱，但卻勝於根本四禪，故此二禪稱亦有漏亦無漏。

不淨觀的九想觀法乃至神通等，是出世間的禪法。雖是事相的修持，但能防止欲望的過患，雖不緣四諦的智慧，但能發無漏禪。如迦絺那比丘為五百比丘說七遍四聖諦法，但無法悟道，佛對他們廣說不淨觀後，即發無漏。因為不淨觀厭患力強故，判屬無漏。若說非無漏者，此禪不應該稱為聖戒定慧，聖表示「正」也，雖修持正法，但尚未斷除煩惱故不及無漏。

論亦漏禪亦無漏禪中的慈悲觀，是從根本四禪生起慈悲心，屬於有漏，若是修不淨觀等生起慈心，屬於無漏。慈心無固定階位，約所證論階次，若依根本四禪可成就眾生緣慈，依八背捨修可成就法緣慈。因緣觀、念佛、五通等也是如此！如次頁圖：

禪別／漏別	有漏	無漏	備註
四禪	√		共凡夫、外道。
十六特勝	√	√	凡夫、外道修之，不發無漏；佛弟子可發無漏。
通明	√	√	同上
九想		√	能防欲過，厭患力強故。
八背捨		√	同上
大不淨		√	同上
慈心	√	√	依根本禪起慈，屬有漏；依不淨等起慈屬無漏。
因緣	√	√	同上
念佛	√	√	同上
神通	√	√	同上

（三）天台諸論中之禪門用意不同

1.與《次第禪門》對辨

以上所說十門禪法，與《次第禪門》中禪法及對治的異同在於《次第禪門》中的禪法，為了成就禪定波羅蜜，如禪定善根增長，而且根機利，修持各種止門（繫緣止、制心止、體真止）後，進入定境，引起發相，從中可檢驗自己的善惡根性。而這十門禪法是為了成就智慧，雖有禪定的善根，但根機較鈍，故先調伏煩惱，業障、魔事解決後，才引發禪定。

2.與五門對辨

從「對治」門中，《次第禪門》為破除修道的障礙，故為修道之助道因緣；今此十門禪法任運自發，仍作為修觀之「觀境」。雖同為禪法，但各有不同意義。

（四）十門深淺不同

1.根本四禪：指色界中初禪、二禪、三禪、四禪，用以對治煩惱、生諸功德之四種根本禪定。凡、聖、外道所共修，是修持一切禪定的根本，少量福德修持即能獲得。

2.十六特勝：因此禪門有定、有觀，得道容易，所以稱為特勝。又，橫對四念處，豎對四禪八定：先有根本四禪，後因「觀」能引發無漏智慧，故名特勝[1]。

3.通明禪：善修此禪，必發六種神通及三明，故名通明。修禪時，觀息、色、心三事皆無分別，本來空寂，其證相，含欲界定、未到地定、四禪四定、種種支林功德。

根本四禪、十六特勝、通明禪，這三項是根本實觀，對治煩惱惑力弱。

4.九想觀：透過九種不淨的假想觀，以斷絕愛欲，破除對世間假相的執迷。調伏煩惱比前面三種更勝一籌，但此觀從厭患外境開始，未對治其心，故斷惑不如八背捨。

5.八背捨：背棄三界之五欲，捨卻諸有之執著心，所以稱為背捨。修此觀能開發無漏智慧，斷三界見思煩惱盡，證得阿羅漢果，至此，八背捨即轉名為八解脫。八背捨雖然破除內、外貪欲，但能總相觀諸不淨，而未通達別觀的「大不淨」，故於各因緣中不能獲得完全自在，故不如大不淨觀。

6.大不淨觀：即八勝處。修八背捨後，觀心已經成熟，這時可以運轉自如，不論淨與不淨，均能隨意破除，因此轉修八勝處了。八勝處含有二種意義：一者不論淨與不淨或五欲之染法，證得此觀時，則可隨意能破。二者能善調觀心，故能破除依報（外在環境）、正報（色身）的貪執；雖能總相、別相對治貪欲，但未修大福德，故次修慈心觀。

7.慈心觀：對自己的親朋眷屬、有緣的人、一切人等修慈心觀，雖然對內可對治深重的貪執，對外廣修福德，但不入因緣法，只是世間正見而已，故應再修因緣觀。

8.因緣觀：修持十二因緣觀，了解三世的輪轉，一切皆無法自主、無我的，若能了知十二因緣間的因果關係，即成就世間正見。雖然獲得世間正見，破除人我執及斷常見，但福德力微弱，若能修福，使福德力廣大，即可成就果德。雖比前面的禪法殊勝，但未有力用可以轉變自在，故須再修神通。

9.神通：指天眼通、天耳通、他心通、宿命通、神足通、漏盡通等，有神通能作用自在無礙。

10.念佛觀：惡業障多者，一心觀佛之相好而對治。

以上為十門禪法生起之次第。

（五）互發不同

十門禪法於修持中，因根機不同，其次第互發的情形也不同，比照觀陰入界境就可了解。（即觀十乘觀法：觀陰入界境、煩惱境、病患境、業相境、魔事境、禪定境、諸見境、增上慢境、二乘境、菩薩境。）

以上，是解釋此十門禪法與《次第禪門》的差別。

二、引發禪定的因緣

十門禪引發的因緣，可分為：由眾生內在因緣而發起，與由諸佛外在因緣而發起兩種。

（一）內因緣發——由眾生內具習因而發起

此項因緣是以內在為「因」，加上外在的「緣」，所引發的禪定現象。《涅槃經・高貴德王菩薩品》卷二三記載：一切眾生，皆因兩種因緣，可獲得根本定。不管修（作意，意指修觀）或不修（不作意，意指修止），必定能夠獲得禪定。

禪定的發起，因過去修習的不同，而引發禪定的現象也不一樣，如事修事發（有漏禪）等。禪法的修習，分：有漏、無漏、亦有漏亦無漏、非有漏非無漏。有漏即是「事發」；無漏即是「真理」，在二乘境中；亦有漏亦無漏，即是「兩兼」；非有漏非無漏，即是中道理，在菩薩境中。以上是名「內因緣發」也。

（二）外因緣發——由諸佛賢聖所施法益而發起

又，雖然有過去修習的種子，加上現在修習的因緣，但須借助諸佛不可思議之力，方能顯發禪定。如心性地中，雖有往昔諸禪的種子，但須借助止觀之雨，因緣成熟方可成就諸禪的枝葉果實。修習的次第或不次第，是因修禪的根機而定，隨人修禪的現象，佛是常普被的。

如《大智度論》記載：「譬如水中蓮華，有生有熟，有水中未出者，若不得日光則不能開，佛亦如是。」又如《淨度經》說：「眾生自度耳，佛於其無（所助）益；淨度菩薩言：眾生若不聞佛十二部經，云何得度？」二言雖有不同，但皆說明佛於冥冥中加持之意，是名「外因緣發」也。

行人若長坐，則容易引發各種禪定境相，若是「善持」禪定境相，能由「粗」轉「細」，使禪定的定境，更為深入；若是「惡持」（不善於調理）則會產生禪病。文中引證不同善根發相與對治的方法。而諸禪發相內容，以介紹下面十項為主：根本四禪、十六特勝、通明禪相、不淨禪發相、八背捨、大不淨禪發相、慈心發相、因緣定發相、念佛三昧發相及神通發相。

三、說明諸禪發相

四種三昧中，常行三昧能引發根本禪定，但少有發相；常坐三昧、半行半坐、非行非坐三昧等，則多有發相。今就坐禪時，調和身心過程及禪定境相，分別說明：

（一）根本四禪——欲界定

坐中，身體端正，心念收攝一處，氣息調和，覺此心念，泯然澄靜，細心安穩，心念專注在所緣境而不會散亂，名為「粗住」。心念泯然轉細，比前更寂靜，名為「細住」。粗住心與細住心，前、後、中間，必有持身法。持身法生起時，身體自然正直，不會覺得疲勞、疼痛，好像有力量輔助身體一般。

若是來時緊急勁痛，去時寬緩疲困，此是「粗惡」持身法。若是好的持身法，進入粗住、細住心時，沒有寬、急的過失；或一兩時辰，或一兩日，或一兩月，稍覺深細，豁爾心地，有一分的開明，身如雲如影，亮然明淨，與定法相應，持心不動，爽爽空淨，但猶見身心之相，而未具有禪定功德，是名欲界定。若安住於欲界定，或經年累月，有定法持心，無懈怠、疼痛，連日不出定，亦可獲得禪定功德。

甲、未到地定相

獲得欲界定後，在未得初禪前，於其中間，渾然一轉，身心虛豁，雖然未去除欲界身相，但於靜坐中不見身首、衣服、床鋪等物，猶如虛空，是名未到地定。此為初禪的方便定，又名「未來禪、忽然湛心」。

乙、禪定四分

各種禪定的次第境相，並非直線前進；從粗住心至非想非非想定，都有退（退失）、護（防護）、住（安住）、進（前進）四分。

退分：分為1.修學禪定中自然的退失；2.接觸因緣而退失。因緣亦分內、外兩種：(1)接觸外緣而退失：於二十五諸方便中，不善調伏，如：呵五欲，不能棄除對外在色、聲、香、味、觸等五塵的欲望，容易退失禪定力。(2)因內在因緣而退失：於靜心中，生起三障（煩惱障、業障、報障）、四魔（陰魔、欲魔、死魔、天魔）而生憂悲愛染。退失之後，或精進修持能再獲得禪定，或修習但已無法再獲得禪定，這兩種情況都會發生。

護分：善以內、外方便來調伏自心，維護禪定，而不讓禪定散失。

住分：或因能善護其心，所以於禪定中安穩、不會散失，或能於禪定中任運自住，即是住分。

進分：因禪定中「任運」自在而升進，或於禪定中「精勤策力」而升進，各有橫豎，並且在橫豎中各有漸頓。若從欲界定、未到地定、初禪等，一一而進，是名「漸進」；若同一時間中具足，是名「頓進」。十六特勝、通明禪，品品依序而發，是名「橫漸」；一時俱發，是名「橫頓」。又，於四分，分分皆有四分；如《次第禪門》中說：「證初禪時，有四種人根性不同：一者退分，二者護分，三者住分，四者進分。見下圖：

一者退分	任運退		
	緣觸退	外緣觸退 內緣觸退	
二者護分	外方便 內方便	護定心不令失	
三者住分	任運住——令自住 守護住——令不失		
四者進分	任運進	橫	漸
			頓
		豎	漸
			頓
	勤策進	橫	漸
			頓
		豎	漸
			頓

以下，說明進入初禪時之八觸及十功德支：

丙、初禪發相——八觸

明觸外發：從欲界定進入初禪前之未到定，漸漸覺身心虛寂，內不見身相，外不見一切物，或經一日，乃至一月、一年，定心不壞。於此定中，即覺得身心微微然運運而動，或發重、輕、冷、煖、澀、動、滑、癢等八觸。有人說：禪定中心念微細，欲界身要轉成色界的淨色身，故有觸相。例如：欲界的六根轉成清淨色，定中即有見聞的作用。若依此義推想，此八觸是從外來的。

明觸內發：從內在角度而言，身體所發的八觸，是因息的出入所致；入息順地大而重，出息順風大而輕，入息順水大而冷，出息順火大而熱，入息順地大而澀，出息順風大而動，入息順水大而滑，出息順火大而粗。四大轉細，所以有八觸。而觸相乃隨行人於修習禪定中，身心轉化的自然現象，不必執取從何而來，因緣無自性生故。

又，此八種相，是由四大變化而來，以四大為體，每一大各發兩相，合稱四大、八觸。動、輕，是「風大」；癢、煖是「火大」；冷、滑是「水大」；重、澀是「地大」。體、用相兼（輕、煖、冷、重是體，動、癢、滑、澀是用）則有八觸。

若生起動觸時，或從頭、背、腰、兩腋下、腳等處漸漸遍身。覺得身體內氣在動，但外在看不出動相，類似體內有風一樣，微微運運；若是從頭至腳，較容易退失；若是腰間發，較能安住；若是從腳發起，大多能對禪定有所升進。

八觸之十功德：若是正當的「動」觸，含有十種清淨功德：1.空：動觸發時，內心如虛空開闊明亮。2.明：光淨美妙，皎潔清明。3.定：一心安穩，無有散動。4.智：不再昏迷、疑惑，因心淨能快速了解義理。5.善心：具有慚、愧、信、敬四種善心。6.柔軟：遠離欲界的粗獷，身心柔軟，隨意舒展。7.喜：於所得法，心生歡喜。8.樂：觸法娛心，恬愉美妙。9.解脫：不再有五蓋煩惱。10.境界相應：心與動觸之各項功德相應，心不散亂。又能念持相應而不忘失，或一日、一月、一年，安穩久住，收攝心念，即有如上所說功德，其他「重、輕、冷、煖、澀、滑、癢」觸也是如此。

邪觸：若是於欲界定中所發的八觸，皆是邪觸、煩惱病觸，今從初禪的八觸及十功德，簡別邪、正。邪觸相乃四大調解時，過與不及所產生的，從八觸而言，如動觸發時，坐如平常，身內的氣不快不慢，悠悠運動，此乃正確的觸相。若是動觸太過（嚴重）時，或身動手起，腳亦隨之，或如著鬼，身手紛動，或是坐時見諸異境，這是動觸太過（增）之相。若動觸發時，未及遍身，如被束縛一般不能動搖，此是動觸不及（減）之相。其餘的重、輕、冷、煖、澀、滑、癢觸也是如此。

除了八觸過與不及所產生的邪觸外，若是從十功德而言，真正的空相是豁然開朗，心明寂靜。若心寂靜，如永遠滅絕一般都沒有覺知，此是「空」太過相；若如石頭般鏗然有聲，這是「空」不及相，其他明、定、智、善心、柔軟、喜、樂、解脫、境界也是如此。八觸中之每一觸，都各有十種的太過與不及二相（共二十種），總共就有一百六十邪法。

初禪五功德支：初禪的定境是由覺、觀、喜、樂、一心，五功德支所成就。

1.覺支：覺就是感覺、覺悟。入初禪時，一能覺八觸、十六觸的發生，此乃欲界的色身要轉到色界淨色時產生的現象；二能覺悟出得到的善法與過去大不相同；三能覺出身中諸物虛假不實，故稱覺支，又稱為「尋」。

2.觀支：觀即是細心分別。在初禪中細心分別，諸觸與善法俱生時，與欲界中的未到地等法大有差別。能觀十六觸及十功德支，又稱為「伺」。

3.喜支：初禪時細心分別十六觸相，發現過去未發現的微妙珍寶，因此衷心感到喜悅，所以叫做喜支。

4.樂支：歡喜之後，心情安靜舒適。前粗喜為喜，細喜為樂。

5.一心支：經久受樂，心息雖然仍有覺觸發生，但心不攀緣，不分散，於寂靜中，故稱一心。

又，若於初禪引發八觸，還是屬於粗相功德，假使觸相連續不斷觸發，則禪定力轉深、智慧轉利。假使想遠離初禪的境界，只要呵除覺、觀的感受，初禪的五功德支就會消失，而發中間的「單定」（未到地定）稱為「轉寂心」（轉變初禪的默然心），也名為「退禪地」（以捨棄功德而退初禪境界故），又名「蔑屑心」（無五功德支故）。在此單靜的定中，屬於初禪境界已退而未發二禪的中間定，假使心生憂悔，此心也會消失。

這中間禪不牢固，無有支林功德的輔助，所以行者的心念，若有若無，朦朦朧朧，此時應以六行觀（觀下地苦、粗、障，觀上地靜、妙、離）為方便，方能住持於定中。

於初禪與二禪間的中間定，唯獨在「觀相應」中，方能修習二禪。

二禪：二禪之喜來自心的內淨，即二禪喜樂與心識相應，比初禪之喜更為深刻、廣泛，故又名「喜俱禪」。

現在若於中間定時，心不憂悔，一心用功，不失不退，精進不止；其後，其心豁然開朗，清淨無染的定心與法喜湧動一時俱發，此為「內淨」之喜，不再有初禪八觸等覺觀；此一定心，既然沒有覺觀的惱亂，就會安住寧靜的心境中，故名「一識處」。

沒有邪魔之相，從喜中享受恬淡怡悅之樂，當不攀緣禪定中的喜樂，也不攀緣定中的念頭，一心不動，故入「一心」功德支。

三禪：若要升上三禪，必須不受二禪大喜的迷惑，呵責二禪的過患，這樣二禪的大喜及默然心就會慢慢退失而入於二禪與三禪間的中間定。此時在一心一意的精進修行中，使心清澈明亮，不加功力，心自然澄淨，即發第三禪，內心的樂如泉水一樣湧流不絕，這時心澄清明淨，細微的樂遍滿全身每一毛孔，為世間樂中之最。聖人能棄捨，但凡夫很難捨離。

三禪有五功德支，謂：

1. 捨：捨掉二禪之喜而不生吝嗇、悔恨之心。
2. 念：既然已經獲得三禪的快樂，就要守護它，令禪樂的覺受漸漸增長。
3. 慧（智）：巧妙運用智慧，使樂增長。
4. 樂：禪樂遍滿全身，是其他境界所沒有的。
5. 一心：唯一心寂然，安住於三禪的定境中。

四禪：行者若能不著三禪樂、呵責三禪樂、剖析三禪樂，三禪自然滅謝而入三禪與四禪中間定。在此時，定心無有動盪散亂就能豁然開朗，定心安穩，出入息斷，即證入第四禪。色界第四禪中，不為苦樂所動，不苦不樂，心發捨心，名「不動定」。

在四禪中，能捨離三禪的遍身樂擾動，不生憂悔，名之為「捨」。心離諸念，而明照無垢，名之為「念」。沒有三禪的染心，名為「清淨」。定體不動，名為「一心」。

丁、四空定發相

空無邊處定：根本四禪的色界定皆以色法而修，雖遠離欲界的粗散，並未跳出色身的窟窿。行者若能脫離色籠，虛空無礙，寂然不動，就不會有過患。如此思惟已，其心泯然，住於空緣，與空相應，定中唯見無邊虛空，不再見三種色[2]，如鳥出籠無礙自在，證入虛空定，名為空無邊處定。

識無邊處定：心緣虛空，緣多必散而喪失禪定；而且虛空是外法，緣外法入定，定從外生則不安穩，不如「識處」。故捨空定，一心緣識，而與識相應，心定不動，清淨寂靜，心識明利，名為識無邊處定。

無所有處定：若於定中，心緣於識，而心緣無邊，緣多必散，而能壞定。唯有無心識處，心無所依，方名安穩。因此要捨「識處定」，繫心無所有處。此時，心念無所有法，「識定」即謝，一心內淨，空無所依，不見一切內外境界，唯寂然安穩，心無動搖。以色、空、識三者，均無所有，故名無所有處定。因與無所有法相應，又名「不用處」。

非想非非想處定：行者修至於此，仍有過患，一切皆不可得，如癡如醉，如眠如睡，無明覆蔽，無所覺知，以是不可愛樂此定，須更深一層修非有想非無想定。行者觀此心，過去、現在、未來求之皆不可得，既無形相亦無處所，當知非有，若果真無，誰知其無？無不自知，由此可見，言有言無，皆是戲論，故觀「非有非無」。

如是作觀時，不見前修無所有處定，定即謝滅，進而其心任運住在緣中，於後忽然真實定發，不見有無相貌，泯然寂絕，心無動搖，怡然清淨，如涅槃相。入此定中，不緣「識處」（陰入界細微不覺），故言「非想」；亦不緣「不用處」，故言「非非想」。此定微妙，於世間禪中最殊勝，外道進入此域，謂是中道，實相涅槃，常樂我淨，遂愛著此法更不前進，實是暗證，故還會墮入三惡道中。

（二）十六特勝

禪定門中，依根性不同，分為：慧多定少、定多慧少、定慧均等三種。若是慧多定少，為他說「六妙門」，此六妙門，大多會於欲界發無漏。若是定多慧少，為他說「十六特勝」，因為十六特勝禪中，慧性少故，必須至上地（色界）才發無漏智。若是定慧均等，為他說「通明禪」，通明禪中，因為定慧均等，觀慧深細，具有引發根本禪的定慧，故從欲界至色界（或無色界）皆能引發無漏禪。

甲、緣起

佛說十六特勝的原因，是初說四諦法時，弟子中不能開悟的人，為他們更說九想觀、八背捨等不淨觀法。修持不淨觀，雖然能去除貪欲，其中又有因修不淨觀而產生厭患心，所以無法證得無漏，故佛陀教導此類比丘棄捨不淨觀的修法，轉為修持十六特勝，因為在特勝法中，有定有慧，具足各種禪定，故稱為特勝。

乙、正明發相

1.第一至第五特勝——身念處

第一特勝知息入：特勝發時，知道氣息入時，知其息從鼻、口，經咽喉、胸、心至臍部。

第二特勝知息出：亦知息出時，知其從臍、心、胸，經咽喉至口、鼻，亦知息的長短。

第三特勝知息長短：知息來無所從來，知去無所從去；見息入無積聚，息出亦無分散；對應四禪八定的話，屬於欲界的「粗細住」。

第四特勝知息遍身：若覺其身如雲似影，又覺出入息遍身毛孔，覺身空假不實，無常生滅。若約根本四禪而言，是欲界的未到地，而且根本四禪誠屬暗證，如同沒有身體、床鋪等，但不是真正的沒有，如同把灰覆蓋在火上，愚笨的人以為沒有火就輕輕踏過。今十六特勝具有觀慧，見息遍身，而定心明淨安穩，故與四禪的暗證不同。

第五特勝除諸身行：又，行者因覺息遍身，忽發得初禪定，心眼開明，見到身中三十六物，如開倉庫見穀、粟、麻、豆，臭穢可惡，此時方知三十六物皆由四大而有，其中一一無我，亦無我身，此時即除心行粗受。若對應根本四禪的話，即是初禪的階位。

若將十六特勝橫對四念處，第一至第五特勝屬於身念處觀。

在初禪時的發相中，所發八觸相，雖身接觸內臟，但心眼不開，無法見到體內的器官。今十六特勝具有觀慧，發八觸如開身內倉庫，心眼能見體內三十六物：肝如綠豆，心如赤豆，腎如烏豆，脾如粟，大小腸道更相應通，血脈灌注如江河流。所見三十六物為：(1)內有十二物：肝、心、痰等。(2)中有十二物：膜、膚、肪、膏等。(3)外有十二物：髮、毛等。出入息皆出入其間，但這一切都是不淨、無常、苦、空、無我的，故一切身行泯然，終不為身而再造諸惡，是名「除諸身行」。

若相對於道品，是身念處的範疇；若對根本四禪八定，即是初禪的覺、觀兩支（心眼初開，是覺支；分別三十六物無誤，是觀支）。如下圖：

四念處	十六特勝	四禪八定
身念處	1.知息入	粗心住、細心住
	2.知息出	
	3.知息長短	
	4.知息遍身	未到地定
	5.除諸身行	初禪　覺、觀支

2.第六至第八特勝——受念處

第六特勝心受喜：觀照出入息，則可除卻懈怠睡眠，而覺心輕柔，隨著定心而受喜。此喜不會隱沒，沒有煩惱垢、味著，屬於法喜，不是受喜。

第七特勝心受樂：樂從喜生，若心得喜，身便調適，身調適後則得盛樂，樂是喜增長故。此心受樂不是「受樂」的樂，因知樂中無真正的樂受，故名「樂支」。

第八特勝受諸心行：上既受樂在懷，必有心所法相隨，依心樂境，入「一心」時，知此定乃虛妄不實而不貪著，則得三昧正受，故稱受諸心行。第六至第八特勝相對於道品屬於受念處。如下圖：

四念處	十六特勝	四禪八定
受念處	6.心受喜	初禪 喜支
	7.心受樂	初禪 樂支
	8.受諸心行	初禪 一心支

3.第九至第十一特勝——心念處

第九特勝心作喜：之前既然已止心一境，但未有慧解，必為沉心所覆沒，今用喜觀照，令其不沉沒，故名作喜。

第十特勝心作攝：因喜心動散，則發愈過常，攝之令還，不使馳散，返觀喜性，畢竟空寂，可使定心不動搖。

第六特勝心受喜是從觀見三十六物而生，第九特勝心作喜、第十特勝心作攝是直接就心作喜、作攝，故是相對於二禪的喜支與一心支。

第十一特勝心作解脫：是遍身之樂，凡夫得到多生愛染，為其所縛，不得解脫，今以觀照智慧，破析遍身樂時，即知此樂從因緣生，空無自性，虛妄不實，觀樂不著，其心便得自在解脫，故相對應於三禪的樂支。第九至第十一特勝屬於心念處範疇。如下圖：

四念處	十六特勝	四禪八定
心念處	9.心作喜	二禪 喜支
	10.心作樂	二禪 一心支
	11.心作解脫	三禪 樂支

4.第十二至第十六特勝

——法念處

第十二特勝觀無常：對應第四禪，其他特勝也觀無常，但是各別對治的。今證得「不動定」，若耽溺其中法味，名之為「常」。今有觀慧，了知離苦得樂，也終是色法，還是不免落入無常，故不應該生起染著，故稱無常。

第十三特勝觀出散：對應「空處定」，滅除三種色（可見有對色、不可見有對色、不可見無對色），如鳥出籠，故言「出」，因為緣虛空，故是「散」。雖緣空，亦有觀慧，知此定不可得，故心無所愛著。

第十四特勝觀離欲：對應「識無邊處定」，緣空多，則散亂，散亂亦稱為「欲」，今入此定則具有觀慧能遠離散心，故名離欲。

第十五特勝觀滅：對應「無所有處定」，心有生住異滅四相，多諸過患，雖修至識極少之處，也是四陰（受、想、行、識）和合，無常、無我之法不可染著，故名觀滅。

第十六特勝觀棄捨：對應「非想非非想處」，棄捨識處及無所有處，更有妙禪定，名為「非想非非想」，凡夫妄以為是涅槃。佛弟子了知此定雖無粗煩惱，但有細煩惱，而無愛著，故稱「淨禪」。第十二至第十六特勝屬於法念處範疇。如右圖：

四念處	十六特勝	四禪八定
法念處	12. 觀無常	四禪　不動定
	13. 觀出散	空處定
	14. 觀離欲	識無邊處定
	15. 觀滅	無所有處定
	16. 觀棄捨	非想非非想處定

此十六特勝不管橫對四禪八定或是豎對其他特勝，每一層次皆不相同。根本四禪的暗相，因為沒有觀慧的破析，故功德淺薄，如無鹽的食物一般；十六特勝具足觀慧破析諸法執，則功德深重，如有鹽味的食物一般，其禪定發相如前所說。

（三）通明禪

通者，即是能得六通；明者，即是能生三明。即是修習通明禪的人很容易開啟六通三明的智慧，謂通明禪。修習十六特勝時，觀慧猶屬總相觀，能見身中三十六物[3]，此證相亦屬於總相。通明禪，修習時微細殊妙，引發證相時清楚分明，在《華嚴經》中亦有此禪名稱「通明內淨禪」，而《大集經》云：「菩薩住是寶炬陀羅尼中，能持一切諸佛名號……成就無量功德。」中的寶炬陀羅尼正是指通明禪。

修通明禪時，講求觀息、觀色、觀心，三事一起觀，能引發三明六通[4]，又，修寶炬陀羅尼（通明禪的別名）時，能入滅受想定，斷除見思煩惱獲得解脫。當知此禪門具八解脫[5]、三明六通，故名通明。

《大集經》中，辨明通明禪的五功德支特性，為：如心覺、大覺、思惟、大思惟。智顗大師的通明禪，只是就初禪五支「覺、觀、喜、安、定」及其細微觀照的特色衍義所成的禪觀。故說，若觀於心性，是名覺支；觀照心念細行、大行、遍行，是為觀支；如實知大、知心動、知心喜，是為喜支；身安、心安，有樂觸的感受，是為安支；心安住、大安住，於所緣不散亂，是名定支。

通明禪五功德支的覺支特性，即：如心覺、大覺、思惟、大思惟、大思惟觀於心性。從世間境界與出世間境界來分別覺支功德，所以有心覺、大覺的差別。若從觀門來看覺支功德，就分成：初、中、後三品。

釋「如心覺」：初觀息、色、心，三事圓融如一，證相時也是三事如一，故名如心覺，即覺色、息、心者，泯然如一，空無自性，沒有差別。

釋「大覺」：通明禪中的大覺，分為初、中、後三品，可以使我們由淺入深容易了解。以觀色來說，初品觀色身中內外三十六物種種不淨之相，中品則觀見骨肉、血脈內諸蟲活動言語相狀，而悟知身內外不實。後品則見身相不斷變化更新，無常代謝，空無自性。初、中、後三品的不同觀照由淺入深，逐漸入細微的情狀了然可見。《止觀》文敘述：識知世間人的皮、肉、骨等，皆有九十九重。

如《治禪病秘要經》說：「觀厚皮九十九重，猶如芭蕉；次復觀肉，亦九十九重，如芭蕉葉。中間有蟲，比秋毫還細。蟲各有四頭、四口、九十九尾。次當觀骨，見骨皎白，如白琉璃。九十八重，四百四脈入其骨間，流注上下，猶如芭蕉……。」

又，識知人有五臟（肝、心、脾、肺、腎）化出五種氣，而生出喜、怒、悲、憂、恐等情緒。其中肝生怒、心生喜、脾生思、肺生悲（憂）、腎生恐懼。又，觀見身中諸蟲活動、言語、相狀的微細相，皆能清楚明了。以上是大覺的覺照。

釋「思惟」：針對心覺、大覺而覺悟到世俗諦與真諦，今又重新思慮觀察，叫思惟與大思惟。在覺之後的思惟叫做思惟，大覺之後的思惟就叫做大思惟。思惟，也即是了知世間的一切現象，尤其是對吾人從入母親胎中的種種情形，能於禪定中清楚明白。

於禪定中，識知覺照入胎時，最初的陰（投胎識），過去無明的業如蠟，現在父母精血如泥。過去所造作的行為已經過去了，稱為「印壞」；而現在託識（投胎），名「色具足」，是名「文成」。即熔蠟作印，置之泥土上，蠟印自然壞去，而其跡象則顯成印文。印壞譬喻死，文成譬喻生，以顯死生同時，亦即譬喻十二因緣相續循環之理。

通明禪功德支「思惟」的特性，能觀照現在諸蘊壞滅的因緣，而有中有（中陰身）之諸蘊，恰如印壞而文成，而文成住在生臟（胃）之下，熟臟（小腸、大腸）之上，在子腸中，形狀甚微細，唯有一念的妄想，此時色心相依，如有、如無、如夢。因為業的緣故，自然能起一念思惟的心，此一念思惟的心容易與母親感應。

能察覺入母親胎中的生成狀況，也能透過此念思心與母親相應。假使思青色、呼聲、偈氣、酢味，因此念力而生一毫氣，此氣變為水，水變為血，血變為肉，以母氣的出入來滋潤，便得成肝藏；母氣向上就成為眼，母氣向下就成為手、足、大指。

若思白色、哭聲、腥氣、辛味，便成肺臟；母氣上向為鼻，下向為手足、第二指。若思赤色、語聲、焦氣、苦味，便成心臟；母氣上向為口，下向為手足、第三指。若思黃色、歌聲、香氣、甜味，便成脾臟；母氣上向為舌，下向為手足、第四指。若思黑色、吟聲、臭氣、鹹味，便成腎臟；母氣上向為耳，下向成手足、第五指。察覺身分的細微，大概是如此。

釋「大思惟」：大思惟即是思惟真諦與世俗諦。智顗大師言：觀於心性，即是空也，此為覺支的特性。

約三諦釋「觀於心性」：觀於心性也就是返觀這個能思惟、大思惟的心。即觀照真諦、世俗諦皆是無自性空，能觀的心、所觀的境畢竟空寂。《請觀音經》云：

「一一性相，同於水火風等，皆悉入於如實之際。」觀世俗諦是空無自性，空諦也；觀真諦是假合而有，假諦也；世俗諦、真諦皆入實相，中道諦也。即所謂「一心三諦」義。

以上，是通明禪的覺支與其他禪法的差異處。

釋「觀支」：觀心就是前面「返觀能觀的心性」。觀支包含：心行、大行、遍行。前解釋覺支是屬於透過禪定了解身心的部分，雖直覺八觸，但屬於暗證無觀，故說是「解」。

今從「心行」去觀照心，「心」行於世俗諦上，起心動念名「行」，若對於真諦上的體悟，名「大行」。聲聞人以修習四聖諦為大行，緣覺之人以十二因緣為大行，菩薩是以般若正觀行一切法是名大行。若是心行於世俗諦、真諦上用心，三事俱行，故名遍行。

釋「定支」：定支包含：心住、大住、不亂於緣。心住是住於世俗的禪定，能夠心不散亂。大住是住於真如實相的禪定中，能使心不散亂。不亂於緣是雖然繫心於一緣，善於分別諸法境界，但自心不散不亂，洞徹真如實相，無有妄取分別，不會錯

謬。（喜支與安支的解釋，請參閱《釋禪波羅蜜》卷八）

總結通明禪五禪支的內容，為：1.覺支：心覺、大覺、思惟、大思惟，觀於心性。2.觀支：心行、大行、遍行。3.喜支：如實知、大知、心動至心歡喜。4.安支：身安、心安，受於樂觸。5.定支：心住、大住、不亂於緣。

明諸地位：修習通明禪，引發此定時，能見身、息、心，如同芭蕉一般，空而不實，是證入初禪前的未到地定。見此身、息、心三事如同泡沫一般，是名初禪。又見三事如同浮雲，是名二禪。又見三事如同影相一般，是名三禪。又見三事如同鏡像一般，是名四禪。

滅此三事皆空，虛幻不實，是空處定。滅除空處定的執著而緣「識」（微細心念），是識處定。滅除識之執著而緣無所有，是入「無所有處定」。滅除無所有的執著，緣非想非非想，是入「非想非非想處定」。滅非想非非想之三種受想，而身證滅受之法，入「滅受想定」以成就解脫，此定有世俗諦的觀照智慧，是名「亦有漏」，具足真諦的觀照智慧，是名「亦無漏」。

通明禪的特色是事（有漏名「事」）理（無漏名「理」）兼備，在每一地中皆有觀慧，能從根本四禪到無色界的四無色定，乃至到滅受想定，斷除見思惑出離三界，故證道階位的位次是一一具足的。

（四）不淨禪——九想觀

不淨禪中的九想觀，指：一脹想，二青瘀想，三壞想，四血塗想，五膿爛想，六啖想，七散想，八骨想，九燒想。而九想觀又分為兩種：壞法人、不壞法人。所謂壞法，指以壞想學習佛法人，但求斷苦，故在修觀過程，沒有骨人可觀，是故進入第九燒想，急取無學（四果羅漢），不欣喜有漏（四禪八定）的事觀。

不淨的九想觀是一種對治觀法，眾生貪戀、愛著自己的色身，故成修道障礙，為除障礙故修九想，以對治執著與貪戀。行人以壞法（觀想色身壞滅）方式，希望儘速去除貪著，急取涅槃，證入無為。在觀法上，既然沒有骨人可觀，便不會產生禪定、神通變化及願智頂禪[6]。雖然說是燒滅妄想，但實際還有身體的存在，例如：滅受想定（滅受陰、滅想陰的涅槃境界）是透過此色身所證得的，故修壞法來斷惑的人不具有諸禪定的功德，但得慧解脫。

若修不壞想來求取佛法的人，從最初的脹想，一直到骨想，但不進修燒想，能獲得有流光、八背捨[7]、八勝處[8]乃至觀禪[9]、練禪[10]、熏禪[11]、修禪[12]、神通變化等，一切功德具足，成就俱解脫行人。

屍想：於坐禪中，定中忽然看見死屍在地，在談話短暫之間，便奄奄一息而去了？氣盡而身體發冷，神情也跟著改變了。這樣的無常變遷是沒有簡擇分別，無論貴、賤、老、少，美、醜，任何人都無法逃避，縱然是慈父孝子也無法替代。地上屍體經過風吹日晒的腥臭，與原來的本人是永遠不同的。定中或見一屍、或見多屍，是大不淨觀的發相；或滿一聚落、或滿一國土皆是死屍；或一具屍體變色，或多具屍體變色。死屍雖然不是當下就具足九種觀相，但是各種不淨觀的根本，故先說明。

九不淨觀中，已先說明死屍的情況，透過死屍再作種種不淨觀想。以下為其他觀想的發相：

脹想：於定中觀見死屍，顏色黯黑，身體僵直，手腳像葩花一樣裂開，膨脹的屍體猶如盛滿風的韋囊，屍體九孔流出汙物穢惡不堪。行者心想：我自己的色身將來也免不了這種腫脹的結局，觀想自己所愛人也是如此，是名脹想。

青瘀想：觀見死屍殘留的皮肉經風吹日晒而乾枯，聞其臭氣，難以親近，屍身變為黃赤瘀色或變黑青黝色，皮瘦寬鬆，是為青瘀相。

壞想：當「脹相」發時，能獲得一分定心，心中會有不明所以的安穩愉快。頃刻之間，觀見此腫脹的屍體風吹日晒，皮肉破壞，身體撕裂，形相、顏色都已改變，完全無法認識辨別了，是名壞相。

血塗想：觀見身體撕裂的地方，血從中流出來，散流身體各處，滿地皆是血腥，臭穢不堪，是為血塗相。

膿爛想：觀見死屍膿爛，膿水四處流散，狼籍滿地，是名膿爛相。

噉想：觀見死屍為鳥獸挑破或為蟲蛆爛，皮肉脫落，骨節解散，從前盛妝淡飾、威儀端雅，而今皮肉肢體分裂，是為噉相。

散想：觀見死屍頭手分離，身形破散，五臟分張，無法收斂，是為散相。

骨想：觀見屍身出現二種骨頭，一種是膏血染汙，一種是白如珂貝，或見一具屍骨或見遍滿聚落的屍骨，是為骨相。

燒想：白骨又火燒歸於灰土也。

觀身體九種不淨時，能隨觀想而轉相，此時定心亦隨著轉，雖是觀想時，已無察覺心念的沉寂，但有一絲絲的寂靜微妙，安穩快樂之相，無法言喻！這是不壞法人（觀九想皆空）所觀的內容。

對治功能：如此修九不淨觀時，若未見九種觀相，表示愛染心非常強，若能再修見到觀相的話，自然能去除欲心，不再生起愛染。例如：沒有看見糞穢時，還能自在的吃飯，忽然聞到臭氣，當下即嘔吐無法忍耐。

若證得九不淨觀相時，縱然有高眉、翠眼、皓齒、丹唇，也只如一堆屎尿塗在臉上一般，又如膿爛的屍體穿著繒綵亮麗的衣服，尚且眼睛都無法直視了，何況是身體去親近？假能如是觀想，九不淨觀即是對治淫欲病的大黃湯。

（五）八背捨

禪法中，前三者「根本四禪、十六特勝、通明禪」是屬於根本味禪[13]、根本淨禪[14]。九想觀、八背捨、八勝處、十一切處，名為「觀」；九次第定是「練」；師子奮迅三昧是「熏」；超越是「修」。此四事[15]中，已介紹九想觀，今說明八背捨。八背捨中凡觀身不淨為「小背捨」，為二乘所共；觀外境山河大地如身不淨，為「大背捨」，僅菩薩獨具觀法。

釋名：背捨是棄義，棄除色、棄除愛心、棄除不淨心。背棄三界之五欲，捨卻諸有之著心，所以稱為「背捨」。

凡情皆以真心我為實；佛教以諸法無我，指四大假合之五蘊我，觀五蘊（陰）我之生滅變化而生厭想，此觀身不淨之厭離，就是「背」；因此捨去我執，謂是「捨」。由修背、棄捨而發禪定。

又，修此觀能夠開發無漏智慧，斷三界見思煩惱盡，即證得阿羅漢果，至此，「八背捨」即轉名為「八解脫」。如果是煩惱未斷盡，但名「背捨」。

若是要破除外相的愛執，多觀發九種不淨相；若要破除內之見惑，應修八背捨。背捨之內容分為八種；其次第則分觀、練、熏、修四級，稱為四定。先「觀」身有九種不淨；而後生厭身想稱之為「練」；經厭離身之練習後，即生棄世想、出離想，謂之「熏」；然後超越世間，出塵、精進得「修」此得慧，而發禪。

1.第一內有色想觀外色背捨

此即內外俱觀。行者以淨心先觀自己色身不淨，如觀身體腐爛，血肉塗地，臭穢難聞，無有一處可以愛樂。由於欲界貪欲煩惱不易斷，故更要觀他人色身不淨或死屍，令心生起厭惡，使能棄捨愛樂。

以下具體說明初背捨的觀想方法。從觀身體腫脹壞觀到白骨觀，再到白骨流光觀，八種光明觀，皆屬於初背捨的觀想方法。大多數情況下，先從內身觀起，內身觀想成就之後，再以不淨觀來觀想外身。

觀內色：行者端正身心，用心觀想大姆指像膨脹黑的大豆，就像腳繭，接著觀想腳腫脹，從腳心、腳踵、腳踝、小腿、膝蓋、大腿，漸漸至腰，乃至全身都是腫脹，全身僵直。這樣從頭到腳，從腳到頭，遍身觀想，行者見到腫脹的軀體，五個指頭如葩花，兩腳腫如柱子，腰腹脹如甕，頭大如盆，處處腫脹，如充滿風的韋囊一般。此相發時，從腳到頭或從頭到腳，全身皮肉裂開，流出潰爛的膿水，至全部乾枯流盡。

此時，行者繼續定心觀想，全身的皮肉隨著心念，從頭至腳漸漸剝落，露出髑髏骨相，骨相，骨節之間節節相連，端坐不動，而那些脫落的皮肉聚在一處，猶如許多蟲聚在一起汙穢不堪。若發此相時，深深厭患自己的色身，如棄糞屎一般，何況妻子、財寶，又怎麼會生吝惜心？《金光明經》中，薩埵王子自厭其身，投身飼虎，成就菩薩行，皆由觀色身種種不淨相所致。

觀外色：觀外色及他人之不淨，次觀白骨發色、發光，然後將光攝於眉間而發。隨生覺、觀、喜支、樂支、叢林諸相，為正相入八色。外見死屍脹、膿、壞，滿一個聚落、一個國土，如前面九想所觀的種種不淨一樣，故說觀外色。若能如是觀照清明，能入欲界定。於觀法上再更進一步，見白骨生起青、黃、白、鴿（紅、赤）等四種顏色，明亮且光彩耀眼。青色發青光，黃色發黃光，白色發白光乃至鴿色鴿光，光狀如流水，光照白骨人，如塵霧中的光明照射。

之前述及「觀外色種種不淨」時，若能觀照清楚九種不淨相，能進入欲界定。若觀白骨發光，壯似流水，光耀照骨人，此時，心若觀於足下，光即隨心念往下照明，假使心念緣頭上，光即隨著心念往上，慢慢的光會隨著觀想力的成就皆遍十方。如以青光色，遍及十方所見都是青色，如同須彌山四方的土地，有情海水皆隨山面而為一色。假使光色尚未成就，而於發與不發之間，此時位在未到地定。

初禪：如前觀想力繼續觀照骨相，光會自然發起。若是光無法周遍，當攝心觀想眉間之處，光自然發起。光現起時的現象，好像從竹孔中吐煙一般，剛開始時是小小的光，而後慢慢擴大。四種光色宛轉從眉間出，遍照十方，豁爾光明！

見到初色、遍色光也有十種功德、八觸、五支、正邪等相貌。初色發的時候，名「覺」，能分別八色，名「觀」。八色，指內、外各有青、黃、白、鴿四色，合稱八色。即：見地色如黃白淨潔之地，見水色如深淵清澄之水，見火色如無煙清淨之火，見風色如無塵迴淨之風，見青色如金精山，見黃色如薝蔔華，見赤色如春朝霞，見白色如珂貝雪。見色分明而無質礙。

過去雖然知道肌肉中有白骨，卻不知道骨中有八種顏色，這是過去所不知道的現象，歡喜慚愧，名為喜支。此色光發起時，心中喜悅不已，名為樂支。此時定心湛然澄靜，安住不動，慢慢轉深，心中光明，生起信心、恭敬、慚愧、不生毀謗之心，遠離煩惱而與智慧相應。假使有動、癢、輕、重、冷、煖、滑、澀八種觸相，則層層都沒有錯誤、雜亂，故稱「叢林」。

八觸具有十功德，也就是每一個動、癢、輕、重、冷、煖、滑、澀都有與「空、明、定、智、善心、柔軟、喜、樂、解脫、境界」相應的功德，當這些功德支現前時，心眼開明，法樂深重，若發此相即成就初背捨，位在初禪。（不同於根本禪也不同於十六特勝及通明禪，此三種禪法八觸時，是帶皮肉相，八觸不通暢，今觀骨人所生的觸相，此法是甚深微妙的。）

若是見青色不清晰，有斑駁凌亂之相，即沒有觀慧，此為邪相，其他七色也是如此。

2.第二內無色想觀外色背捨

觀內無色：第二背捨是已滅除內身色相，能諦觀內身骨人虛假不實，內外空疏，漸見骨人腐爛碎壞，猶如塵粉，散滅歸空。從大乘體法空的立場來說，知道白骨是因緣和合所生，心亦如幻化般不真實，故白骨人亦是虛假、不真實的，如此作觀時，白骨人自然消除，例如：好的馬可隨人意驅遣至任何地方，去來自在無礙。

若是作觀時，所觀的白骨人已消失了，但尚未發起內心清淨相時，如生起骨人已退的歡喜心，就容易使禪定退墮下來。

觀外色：以不淨觀觀外色之意。外色，指外在的一切死屍，亦指白骨人所散發出的八種光（如前所說）。於作觀中，忽然看見白骨人自然消失，但仍有八色及外在種種不淨，故須觀外色。若是白骨人消失時，禪定位階在八色與外不淨中間。

發相：若見八種色光與內心清淨念同時生起，青、黃、赤、白等光比之前更加光明，內心的清淨、歡喜、快樂、一心專注，四種功德支比初背捨更加殊勝，這是第二背捨位在二禪。

3.第三淨背捨

淨，即是緣於淨相。淨相，是指八種色光。行人於二背捨後，已除外色不淨之相，但於定中諦觀八色光耀，入深三昧，練此地、水、火、風及青、黃、赤、白之八色，極令明淨，住心緣中，即能泯然入定，與樂俱生。八色光明，清淨皎潔，如妙寶光，遍滿諸方，照心明淨，樂漸增長，遍滿身中，舉體怡悅，既親證此法，故說「身作證」，又能背捨根本的貪欲，心也不著其境，故名淨背捨，又名「無漏三禪」。

「淨」有四種意義：(1)不淨不淨：欲界之身已是不淨，而今膨脹。(2)不淨淨：除卻皮肉，諦觀白骨人已沒有筋脈血肉，如珂如貝一樣白。(3)淨不淨：是眉間所發出的八色光明，光明是潔淨的，尚未被歷練製作。(4)淨淨：是第三背捨，更被淨色之八種色光所冶煉。

4.第四虛空背捨

行人於欲界定後，已去除自身皮肉種種的不淨之色；在初背捨之後，已滅除內身白骨之色；二背捨後，又掃除外身一切不淨之色，此時唯餘八種淨色。至第四禪，此八種色皆以心住，譬如幻色，依幻心住，若心捨色，色即謝滅，一心緣空，與空相應，即入無色虛空之處，故名虛空背捨。

虛空背捨，是超越過一切色，滅有對色，不念種種色。「一切色」是欲界的內、外色，「有對」是五根所相對的五塵，此兩種色質在前三背捨已滅除，但有八種色隨心轉變，故說有「種種色」。呵棄八色而緣空，但入空定，若凡夫（修根本四禪的人）多染著，故一直住持著空定，聖人深心得無色定，智慧利，一向不迴，故名背捨。

5.第五識無邊處背捨

行人因緣「空」心多散亂，若能捨虛空之處，一心緣識，當入定時，即觀此定，是依五陰身而生起，悉皆苦、空、無常、無我、虛誑不實、心生厭離而不愛著，與識法相應，名識無邊處背捨。

6.第六無所有處背捨

行人若捨識處，一心緣無所有處，當入定時也觀此定，依五陰起，若五陰空，定不可得，均皆苦、空、無常、無我、虛誑不實、心生厭離而不受不著，故名無所有處背捨。

7.第七非想非非想處背捨

前「識無邊處」如癰（皮膚化膿性及壞死性炎症），「無所有處」如瘡，若能捨識、無識，即是非想非非想。行人若捨無所有處，一心緣非有想非無想，當入定時也觀此定，依五陰起，五陰若空，定從何有，由此觀之，悉皆苦、空、無常、無我、虛誑不實、心生厭離而不受不著，故名非想非非想處背捨。

8.第八滅受想背捨

之前雖是無想，猶有微細煩惱[16]。受即是領納，想即是思想，即五陰中「受、想」二心。由於行者討厭此心，常時散亂，此時雖無粗重煩惱，但未滅除諸心數法，今捨能緣非想的受想，但不是連非心數法也滅，定法持身，泯然無想，如冰下的魚（猶有命根在），蟄伏的蟲一般，故名滅受想背捨。

（六）大不淨觀

前面所觀的內容及所引發的相是諦觀身相種種不淨，去除皮肉及觀照白骨人、死屍的種種不淨相，或一具屍、兩具屍，或屍滿城邑、聚落，不淨物流出等。這是從自、他的正報上來觀，故說是小不淨。觀身不淨為小不淨，觀山河大地如身之不淨，為大不淨，亦名大背捨。

今從內外種種不淨中，論厭離背捨，是含總相（小不淨，共二乘）、別相（大不淨，只在菩薩）的。

發相：小不淨觀唯論正報不淨相，大不淨觀通依報、正報種種不淨相。若是大不淨觀，何止只是論正報的流溢不淨，連依報也是如此，舉凡屋宇、錢財、穀米、衣服、飲食、山河、園林、江河、池沼皆是色法，悉皆不清淨。膿水小蟲流出，到處腥味臭氣。房子如墳墓，錢如死蛇，美味的羹湯如屎汁般，飯如白蟲，衣如臭皮，山如肉聚，水池如膿河，園林如枯骨，江海如汪穢。

於坐禪中，忽然見到以上的情形，山河大地沒有一處是好地方，厭惡心生起，外在環境的依報、自身的正報皆是不淨，世間已沒有什麼可貪著的，此為大不淨觀相發。

又因各人果報不同，所感之相也不同。如觀不淨時，雖觀內外種種不淨相，但善業感果見到的是清淨色，惡業感果所見是不清淨色。感果是過去的心力，觀不淨是現在的心力，故現在觀不淨相亦會因過去因所感發相而有所不同。

在淨相中，若執著淨色，保護、愛著，要以大觀照力破大執著心，去除大顛倒，成就大不淨觀也，乃因心力能隨心所現，破除一切愛著故。

在根本四禪的境界，但除欲界的執著，不能去除色界的煩惱惑。若是小不淨觀、大不淨觀及八背捨，是無漏的緣，尚未到達無漏境地，只去除欲界及本身所觀的煩惱執。若是能通達無漏，自能斷除三界的煩惱惑。

以下，將就大不淨觀與八背捨、八勝處，說明彼此之間的關係。故先簡略敘述八背捨與八勝處的意義。

八背捨，是八種背棄三界五欲，捨卻世間諸有執著心的修觀法，修此觀能開發無漏智慧，斷三界見思煩惱盡，即證阿羅漢果，證果時，八背捨即轉名為八解脫。

修大不淨觀，於內容上與八背捨、八勝處是很相似的，彼此都有關聯性。修八背捨之後，觀心已經成熟，這時可以運轉自如，不論淨與不淨，均能隨意破除，因此轉修八勝處。此八勝處，含有二種意義：一者不論淨與不淨，或五欲的煩惱，得此觀時則可隨意能破。二者能善調觀心，譬如乘馬擊賊，非但可破前陣，也能善制其馬，故名勝處。現從《止觀》文說明大不淨觀與八背捨、八勝處的關係。

約大不淨觀以明八背捨：若發大不淨觀相，轉入八背捨亦屬於大不淨觀的範疇，此為初禪所含攝。若作觀時，內無白骨人，外觀八色（青黃赤白與地水火風）及依、正二報，所緣之境相範圍大故，名第二大背捨，是二禪所含攝。若以大不淨觀入第三淨背捨亦屬於大不淨觀，乃至第八滅受想背捨也是如此。

約於背捨以明勝處及一切處：《大智度論》說明鈍根人修八背捨後，方修八勝處、十一切處[17]。中根修三背捨竟，於四禪中修勝處等。上根只修初背捨，即修一切法也。因為前八勝處但觀少色，故比八背捨殊勝，如閻浮提王，唯一勝天下。十一切處則能遍滿緣故，又勝於八勝處，如轉輪聖王，遍勝四天下。若此三種觀行具足，禪定功夫必能成就。

前面的背捨中，雖觀淨色皆是不淨，未能輾轉比較真正好壞，現在能善於觀察，故說是「勝知」。小不淨觀，但依正報來明白好醜；若依大不淨觀，生起八勝處也是依正報，得勝知勝見。

第一背捨立第二勝處：若多若少，從依報正報來說，一屍為少，二屍為多，一切現象皆可如是推想。一件衣服、一份食物、一山河為少，無量的衣服、食物、山河為多，初學習觀修的人從少至多慢慢延伸。

若好若醜：善業端正相好為好，惡業行為鄙陋為醜。好壞的分別，只要對我好者就是好，對我不好者就是不好。有智慧就是好，愚癡就是醜。富貴就是好，貧賤就是醜。如此好醜的分別皆是不淨。山河、國土、衣食、屋宅若好若醜也皆是不淨。又，依報正報都是醜，白骨人所放的八色光為好。如此「多少、好醜」也都是不淨的。第一、第二勝處是初禪所含攝。

約第二背捨立二勝處：若內無色想觀外在的色相，若多若少、若好若醜都能勝知勝見。觀色相時，不為色相所縛，心能轉色，名「勝知」，不管淨或不淨都能於自心自在成就。假使勝處成就時，尚且不會貪著色身，何況是外在的物質？第五至第八之四種勝處在四禪中成就，而三禪樂定多，雖觀淨色，以心鈍故，不能轉變。以上的情況是依聲聞法而說的，在大乘菩薩法中，每一禪境皆能轉變成就。

《大智度論》說：「觀外淨緣青、黃、赤、白」，此是於三昧中，十方遍皆此四色，故說是實法。《瓔珞本業經》說「地、水、火、風」，此是從假合的立場而說的，觀見「地大」時，也是青黃赤白四色，四色已相攝其中，故是假名。後四勝處內外色盡，但有八色，唯有多少轉變，但沒有好醜轉變。八勝處與四禪的關係，如次頁圖：

十一切處：修八勝處之後，還要修十一切處觀。十一切處在四禪中，初禪覺觀多，二禪喜動多，三禪樂動多，不得廣及普遍一切處，唯「不動念慧」能廣泛普及。十一切處即是：一青、二黃、三赤、四白、五地、六水、七火、八風、九空、十識，以此十色，包括一切萬事萬物作為一個對象，而起觀照。如觀青色遍十方，觀想成時，十方皆成青色，其餘顏色也是如此，故名一切處。十一切處之初觀青色，遍照十方，乃至空色、識色，無不同樣周遍，雖各遍照十方，但互相涉入，均不妨礙，故名一切處。

勝處	四禪	說明
初勝處	初禪覺觀多	勝知：若多、若少，初修時從少至多；若好、若醜，於我美者為好，於我惡者為醜；如此好醜俱不淨。
二勝處		勝見：依報、正報都是醜，白骨人所放八色為好，又八色光也是醜，好醜皆不淨。
三勝處	二禪喜動	勝知：此必勝色，不為色所轉；心能轉色，故言勝知。
四勝處		勝見：淨不淨等，皆於己自在；觀解成就，故言勝見。
	三禪	三禪樂多，不能轉變；三禪樂動，不能廣普遍一切處。聲聞法是如此；於菩薩法，每一禪天都能轉變。
五勝處	四禪	《大智度論》：「觀外淨緣青，青色、黃、赤、白、白色。」，此從實法，《瓔珞》云：「地、水、火、風」，此從假名，互得相攝。此四勝處，內外色盡，但有八色；唯有多少轉變，無有好醜轉變也。
六勝處		
七勝處		
八勝處		

以上雖有十色，但其性體本來周遍法界、互攝互融，由於眾生迷性執相，故有差別相生，因而諸色隨眾生心，由其業感而後發現。若行者觀心劣小，則應之以少色出現；觀心勝大，則應之以遍色出現，色之遍與非遍皆隨觀心之大小而分。

《大智度論》云：「八背捨為初門，八勝處為中行，一切處為成就。」由於根性不等，亦有未必具修，若是利根，於中隨修一種便可得道。

以菩薩六度細述：在菩薩法中，修持六度是菩薩調伏自身的慳吝、毀犯、瞋心、懈怠、散亂、愚癡。若不能通達依正二報之因，便可能生起貪、慳；禪觀若清楚明白，能捨離一切色礙，汙穢之身尚且都想捨離，何況是外在的財物？是名布施。獲得如此觀慧，不會為財色而破戒，貪財而害人害己，是名持戒。獲得此觀慧時，縱然遇到他人的惱怒及侵奪，始終不會生起瞋心，因諍論如糞穢般令人厭惡，是名忍辱。

獲得如此觀慧時，不倚持執取此不淨的屍身、不清淨的國土世間而退失定心，是名精進。獲得如此觀慧，此觀能具足觀、練、熏、修、神通變化、願、智、頂等智慧，是名禪定。獲得如此觀慧，能觀一切法，能、所皆不可得，不生不滅，畢竟清淨，是名為智慧。

以上歷經布施、持戒、忍辱、精進、禪定、智慧等六種觀照，是以依正不二來作觀，以獲得修八勝處的功德，此八勝處不但能具足六度，一切法門亦能具足。

（七）慈心觀

修慈心觀能引發四無量心。若修四無量心，即能拔苦予樂，達到無怨無惱、無恚無恨，故無論大小乘行者乃至世間之人，皆以四無量心為共同學處。一切眾生皆怖畏於苦，想要追求喜樂，而瞋恨怨惱等正為苦因，慈悲喜捨則為樂因，此為修習四無量心的目的。

四無量心中，「慈心定」是依根本四禪而發的。慈，意為「愛念眾生，常求樂事以饒益之」。修慈心，為拔除眾生的「瞋覺」故。欲修四無量心，應當先發誓願：「願令一切眾生，悉受快樂。」

初修慈無量心時，以清淨心觀所愛的親人受樂之相。於父母、兄弟、親人之中，取一位最喜愛的人，一心緣念，觀想親人受樂的情形，於心中觀想清楚分明，攝心專注，沒有馳散。如是次第乃至一般人、怨人，其他地獄、餓鬼、畜生、修羅、天道的觀想方法也是如此。以慈心緣十方一切眾生，心量廣大無邊，故名為「無量」；皆令他們受樂，能滅除惡心，而獲得殊勝善樂的福報，故其功德也是無量。

行人於禪坐中，見眾生受樂之相而定力漸深，不為外境所動，是名「慈相應心」。如此修習時，若見到種種善惡的境界，不可以生取著的心，一心觀想親人獲得歡樂之相，念念相續於上親、中親、下親，中人，下怨、中怨、上怨乃至於五道眾生，同樣以慈心對待，如父如母、如兄弟子姪，常求好事而饒益他們，想令一切眾生獲得利益安樂，這樣的心遍滿十方。觀想慈心定所緣的層次及對象，如左圖：

慈心	所緣	
廣	緣親人受樂	緣一切眾生得樂
大	緣中人受樂	緣四維眾生得樂
無量	緣怨人受樂	緣十方眾生得樂

此定有隱沒、不隱沒的差別。假使心緣眾生，希望眾生都能獲得快樂，心念非常清楚明白，而所緣的地方沒有見到眾生受樂，這是內不隱沒而外隱沒。若內心分明清淨，也見到眾生受樂的情形，這是內、外都不隱沒的情況。

1.於初禪前後發慈心定

初禪前發慈心定：若能獲得慈心定，即有五種初得禪定的利益：(1)剛開始感覺眾生都得到安樂，心定如一，自心也感受到快樂，自覺有所得，名「覺支」。(2)能分別觀察，知道人、天的禪定境，為「觀支」。(3)以觀察人、天禪定境的智力修持人間怨親平等，而生起喜悅，為「喜支」。(4)因為怨親平等，已獲得同體大悲，所以動、靜和樂自得，名「樂支」。(5)和樂自得，定力堅固，名「一心支」。以上稱五支功德，與四禪境各分別相應。

雖然是在根本四禪，但修慈心定與一般的法樂是不同的，若是單單發根本禪，是梵眾天、梵輔天的果報，若是獲得慈心定，則在梵王天受報，果報殊勝，其修習因也一樣是功德很大的。

初禪後發慈心定：若先獲得根本定，之後再加修慈心定，根本禪的功德利益就更深了。

2.於二禪至四禪發慈心定

又，於慈心定中引發二禪，就有內心清淨、喜悅無量、甚為快樂、一心不動的四功德支成就。若是引發三禪，身心皆受樂，一樣具足五功德支。若發四禪則有不與苦樂相應、不生厭悔、心念清淨、定心寂靜等功德，一一皆與諸禪相應，功德法味更勝於前。

大小乘的分別：慈心定本是緣他人都能獲得快樂，若是定中內心受樂，外見他人也受樂，此種情形相等於三禪的境界。若是四禪，但見他人獲得快樂，內心卻無樂受，因為在四禪境界中已能捨苦樂。這是為小乘的分別。

佛有時為了破除眾生的執著，說：慈心定，福報至遍淨天；悲心定，福報至空無邊處定；喜心定，福報至識無邊處定；捨心定，福報至無所有處定。但菩薩恆常具足慈悲，哪一個地方會沒有慈悲？慈悲是熏習一切善法的資糧，豈止只是到達三禪的境界而已？

修慈無量心定的發相也能與十六特勝、通明禪會通，修悲、喜、捨無量心的內容也是如此。修四無量心能使慈悲心增長，成就出世道業，因此無論小乘聖者、大乘菩薩皆應修四無量心。四無量心成就，即稱之為「慈心三昧」，能達到無人、無我、心行平等的境界，故四無量心實為殊勝妙嚴的菩薩行門。

（八）因緣觀

因緣觀發相，由自己精進禪修，或過去所修的業緣，依此兩大因緣而發諸禪相，以下引經論加以分析各名相與禪定發的次第。

1. 正明發相

現在三支：觀十二因緣，凡有二種。一者推果知因，如先推「受」，再由受推「觸」，由觸推「六入」，以至「無明」，既知無明生於受等，則不會生起愛等。二者推因知果，由「愛」而有「取」，由取推「有」，既知「有」是由「愛」所生，故不生愛著。

十二因緣中，現在的三支指「愛、取、有」。愛：性欲的愛染心。取：貪欲增長，由愛而取，周遍馳求，執著不捨。愛與取二支是今生的迷惑。有：因馳求執取，貪得無厭，積集來世業果的因。愛取有三支是今生所造之業因。

行人於坐中，忽然思惟，心所緣的地方不管善心或惡心，能緣的心、所緣的心念都是「有支」。「有」已包含果的成分，此「有」是由「取」而來，以心執取「善、惡」而得「有」，若是不生執「取」，就不會有此「有」，故知「有」是從「取」生。

又，「取」是從「愛」而生起，因為有「愛」染，所以執「取」，如愛著色欲，則死命去執取，若不生「愛」著，就不會生「取」。

現在五果：十二因緣的現在五果，指「識、名色、六入、觸、受」五支。識：人輪迴的主體，大乘佛教稱第八阿賴耶識。名色：名是心識，屬於精神，色是父母精血，屬於物質，故名色為有情生命體。六入：眼、耳、鼻、舌、身、意六根。觸：嬰兒出生後，根接觸境，而生認識作用。受：苦、樂、愛憎的感受。以上五支是由過去世所造之業因，今生承受之苦果。

「愛」是因為領受善惡而生，若沒有善惡的感受，則不會生起愛染。又，觀「受」是由接觸外境而來。六根接觸六塵（色、聲、香、味、觸、法），故有感受，若是沒有接「觸」，就不會生起苦樂的感「受」，《雜阿含經》卷八云：「六觸因緣生諸受。」

又，觸是由六入門而生。假使沒有六識統攝六根，只有六根對六塵境，也不可能生起觸。六入是觸的對外門戶，而六入是因名色而有。假使只有色（物質），是不能產生觸的，如死人（無任何知覺），假使只有名（精神），也不可能有觸，如盲聾之人（無法感受外境存在）。色、心和合才會有觸的產生。

色即五陰中的「色陰」，心即五陰中「受、想、行、識」四陰。了別物質現象（色），名「識陰」；領納此色，名「受陰」；行起貪瞋，名「想、行」兩陰。五陰具足，故有覺觸，所以觸是由名、色而有，名、色是由初托胎的識（精神、阿賴耶識）而有。

初托胎時，名「歌羅邏」（中陰身初受胎時），此時即具足三事：一命、二煖、三識。業報風連續維持的氣息，為「命」；精血不臭不爛，為「煖」；一期心之主，是「識」。由識托胎，故有四肢、頭、身等六胞（頭、身、二手、二足）開張，此為名色和合，所以名色是由識而有。

過去二因：十二因緣的過去二因是無明與行。無明即是愚昧，是由煩惱而起之惑。行即是業，是在迷惑之下，盲目造作之後果。這二支是過去所造下之業因，人之所以有投胎的業識體，乃由過去業力所造作故。

過去持五戒的善業，由此善業成為人道中的「名色」，過去破五戒的惡業，此惡業所招感的生、老、病、死於三惡道中受報。故知「識」由於過去的「業」力，業力即是「行」也，行由「無明、癡愛」造作，使「識」流轉。

推過去至未來：從過去到今世，從今世的「愛、取」緣「有」，而「有」已包含了果，能招至未來的生、老死。

由此觀之，「無明」是前世的煩惱「惑」，「行」是前世的「業」感招今世之「識、名色、六入、觸、受」五支之「苦果」。而「愛、取」是今世之「惑」，「有」是今世的「業」而感招來世「生、老死」兩種「苦果」。如此在「惑、業、苦」之循環中，形成三世、兩重因果。但此十二因緣支是沒有真正的受者、作者，乃「惑、業、苦」之假和合而已。

2.因緣觀發諸禪的情形

以下，論五支功德次第生起，與根本四禪相融和，稱為根本因緣法。

行人透過因緣觀的次第修習時，若能生起觀察的智慧，即能破除人我的邪執。定心沉穩，心念轉粗心為細心，雖然尚未達到欲界定，根本初禪的五功德支就能次第而起：

覺照十二因緣支皆空無自性，名「覺支」；十二因緣成為三世流轉的主因，每一支相互為因，清楚明白了解，名「觀支」；獲得因緣觀的智慧，深入識知三世的因果關係，令人歡喜，名「喜支」；心中有禪定的清明，恬愉美妙，名「樂支」；定心明朗，專注當下，無緣無念，名「一心支」。

修此因緣觀的三昧（以定為體，以慧為用）是屬於智慧性，因智慧清明，故發根本四禪。

此禪定三昧也有隱沒、不隱沒的情形：若內心了解因緣法，不會生起執「我」的顛倒，但與根本禪定相應，因緣相雖不清楚，名為「隱沒」。若三昧發時，其心清明寂靜，見到歌羅邏（中陰身），五胞（頭、二手、二足）開張，生處、住處，同時見到行為的善惡所造成的好醜，也見到未來的生、老死之事，自己的過去、現在、未來三世分明，是名「不隱沒」相。

此隱沒、不隱沒的現象，二者皆有空、明等十法功德[18]，是名「根本禪的因緣發」。乃至「十六特勝、通明禪、八背捨」等禪觀，隱沒、不隱沒的現象，由因緣觀所發的禪定發相也是如此。

3.根本諸禪皆屬因緣

三界九地所發的禪定皆是因緣所成，從欲界的粗住心，到無色界的非想非非想定所成就的禪定皆是。即是以欣慕定心為「因」，稟承教義的方法而修為「緣」，而成就「定體」。推此禪定是從因緣生，生即是「有」支，隨那一地的禪定就成就何種「有」支，故三界九地都是屬於「有」的情況。

而此九地「有」的禪定，都是由於「取」，才有九地的分別，「取」是由於愛著，如聽人說初禪的功德而生起愛著，修習禪定、愛著禪定，此「愛」是由於「受」，以初禪功德的法樂而領受之，從感受法樂中而生起「愛」也。

又，此禪味的樂「受」是由於「入」，「入」即是六根，沒有六根就不會有所感「受」，「受」又是由於接觸六「塵」，有接觸就有六「入」，能接觸外境是由於「名色」，此五陰和合的名色是過去的「無明、行」及今生「投胎識」所產生，此三事（無明、行、識）由業力所感，故有今生的果報身。所以，上至無色界的非想非非想處定，下至欲界的粗住心，都離不開十二因緣的關係，乃至十六特勝、通明禪等禪定引發的情形也是如此！

此因緣觀屬於事觀，不及當體即空的理觀，如富樓那所領解：「我已解、已知。汝云何知？若知無明，不起取、有，即聞慧意。」若能當下了知無明是假合而有，而不生起愛染、執取、占有，即是聞所成慧（理觀）。

此因緣門，隨根機不同而有不同的觀法，《瓔珞本業經》中說明十種十二因緣：一、我見十二緣。二、心為十二緣。三、無明十二緣。四、相緣由十二緣。五、助成十二緣。六、三業十二緣。七、三世十二緣。八、三苦十二緣。九、性空十二緣。十、縛生十二緣。《大集經》上提到「果報十二因緣、一念十二因緣」，而一般廣為流傳的是「三世因果的十二因緣」。

龍樹菩薩《中論・因緣品》中論述：世俗諦皆是由因緣所成，而一切的因緣皆是無自性空，是名真諦。此二諦為佛說法的內容，末法眾生根機愚鈍，聽聞因緣法反而執取三世定有輪轉，故龍樹菩薩廣作觀法，但破對因緣相的執著，不作因緣事相的分別。

以下，以十乘觀法說明十二因緣觀。

⑴思議境（其中又分思議境與不思議境兩種）

①思議境（有六凡與三智之別）

六凡界：

成就三途苦或三善法，均屬於思議境。過去於無明心中，造作諸不善行的黑（惡）業，成就「地獄、畜生、餓鬼」之三惡界；若造作諸白（善）業及不動業（禪定），即成就「阿修羅、人、天」之三善界。

下中上三智：

聲聞界：若能滅除無明，名「下智觀」，獲得聲聞菩提，聲聞菩提證得四果羅漢。修習中，轉有煩惱的行止為出離世間的助道行，這其中七種學人[19]因煩惱尚未除盡，猶生善界。若是四果的無學人，執著真諦理，去除煩惱業與根本無明相應，生方便有餘土，是名聲聞界。

緣覺界：若轉無明為「不生不滅」之明，是則中智，獲得「緣覺菩提」。《請觀音經》云：「觀十二因緣如夢、幻、芭蕉般不真實，成就緣覺道。」

六度菩薩：若轉無明為般若智慧，轉不善行為五度波羅蜜，因尚未引發真諦理，猶具三界內的十二因緣，是藏教的六度菩薩。

通教菩薩：若轉無明為空慧，轉一切行為六度波羅蜜，在第六、第七地之前，尚未斷盡煩惱，是名「中智觀」，獲得通教菩提。

別教菩薩：若轉無明為次第明，轉一切行為次第階位行，十信、十住、十行、十回向，煩惱雖斷未盡，是名「上智觀」，獲得別教菩提。

②不思議境——立三佛性

若轉無明為佛的智明，了悟「惑智一如、迷悟無二」之理，從初發心即知十二因緣是「三佛性」：若通觀十二緣是真如、真實諦理，是正因佛性；觀十二因緣是智慧，是了因佛性；觀十二因緣心具足諸行，是緣因佛性。此為「通觀十二因緣」的三因佛性。

十二因緣中，無明、愛、取，即「了因佛性」；行、有，即「緣因佛性」；識、名色、六入、觸、受、生、老死等七支，即「正因佛性」。因為苦道是生死，轉生死身即成法身（德），即能了知「生死與法身」的染淨雖然不同，但緣起無自性的道理是相同的，猶如冰、水之不同，是隨寒、煖而有分別。依此，煩惱是暗法，轉無明為明（般若德）；業行是束縛法，轉束縛成解脫（德），轉此三道即成三德，此為「別觀十二因緣」的三因佛性。如左圖：

通觀十二因緣	觀真如實理	正因佛性	
	觀智慧	了因佛性	
	觀心具足諸行	緣因佛性	
別觀十二因緣	無明、愛、取	了因佛性	煩惱（惑）（般若德）
	行、有	緣因佛性	業（解脫德）
	識、名色、六入、觸、受、生、老死	正因佛性	苦（法身德）

三因佛性與法身、般若、解脫三德，從圓教的立場，修因與證果是沒有初、後的分別，乃不縱、不橫的關係，《維摩經》說：一切眾生即是大涅槃，即是佛、即是菩提。即是此意，是名「上上智觀」，得佛菩提。所述四種觀智的內容，如左圖：

<table>
<tr><th>觀別</th><th colspan="2">轉法別</th><th>菩提別</th></tr>
<tr><td>下智觀</td><td colspan="2">轉無明為生滅明</td><td>聲聞菩提</td></tr>
<tr><td rowspan="3">中觀智</td><td rowspan="3">轉無明為</td><td>不生不滅明</td><td>緣覺菩提</td></tr>
<tr><td>般若</td><td>六度界</td></tr>
<tr><td>空慧</td><td>通教菩提</td></tr>
<tr><td>上觀智</td><td colspan="2">轉無明為次第明</td><td>別教菩提</td></tr>
<tr><td>上上觀智</td><td colspan="2">轉無明為佛智明</td><td>圓教菩提</td></tr>
</table>

判別佛性位：圓教行位分五品弟子位、十信位（又名六根清淨位）、十住位、十行位、十回向、十地、等覺、妙覺位等八科。在圓教的五品弟子位，伏住五住煩惱[20]，如同初果向前的凡夫一般。十信位的初信斷見惑，與四果羅漢果位同。

在圓教的行位中，第七信斷除思惑，第八信、第九信斷除塵沙惑，初住至妙覺地，斷四十二品的根本無明。

若是「十住、十行、十回向」的三賢位及十地的聖位，住於果報中，皆能成就十二因緣。等覺位，尚有一生因緣在。若是最後窮盡無明根源，「愛、取」煩惱畢竟斷除，是名「究竟般若」；「識、名色、六入、觸、受、生、老死」等七果已盡，是名「究竟法身」；「行、有」業盡，是名「究竟解脫」。

言斷惑已盡，無所可斷，名「不思議斷」。不斷「無明、愛、取」而入「圓淨涅槃」，不斷「識、名色、六入、觸、受、生、老死」七支而入「性淨涅槃」，不斷「行、有、善、惡」而入「方便淨涅槃」[21]。

如此而推，十二因緣即是一切無量佛法，是名「不可思議境」也。

不思議十二因緣對十如：十如指探究諸法實相的十種項目，即「如是相、如是性、如是體、如是力、如是作、如是因、如是緣、如是果、如是報、如是本末究竟等」[22]。十二因緣對《法華經》中的十如，即是顯示十二因緣的「惑、業、苦」三道，轉成「般若、法身、解脫」三德及正因、緣因、了因佛性[23]的不可思議。

十二緣對十境[24]，顯示十二因緣即是一切惑，亦即是含無量佛法。世間人有一切心，故佛有一切法，所以佛以一切無量法，斷一切惑、一切心。

又，十二因緣、十如、十境在不同眾生心中，屬於生滅思議，若是在一念心中，即是不生不滅、不可思議。如《華嚴經》說：十二因緣在一念心中。《大集經》云：「十二因緣，一人一念悉皆具足。」若一人一念悉皆具足十界、十如、十二因緣，乃可稱為「摩訶衍不可思議十二因緣」！

(2)發真正菩提心

發菩提心，若是依生滅、無生滅、假名等十二因緣而生起慈悲、發大誓願者，並非是真正發菩提心。以下解釋真正發菩提心、拔苦、修止觀、遍破一切法、識知通塞等，皆歸之於身、受、心、法，甚至十界、十二因緣均歸之身、受、心三者所含攝。

若依不思議十二因緣生起慈悲心，願度脫一切有情，是名「發真正菩提心」。

明誓境：真正的慈悲，是為拔除眾生的苦。拔苦有二種：一、拔除十法界「無明、愛、取、行、有」之五種因苦；二、拔除十法界「識、名色、六入、觸、受、生、老死」等七種果苦。給與眾生的歡喜快樂也是如此，故觀十法界之「無明、愛、取」成為慧行正道，轉「行、有」為修行中的助道因緣，是名「與樂因」。觀十界「識、名色、六入、觸、受、生、老死」七支，皆具有安樂性，即是大涅槃，不可復滅，名「與樂果」。

正明發願：約此「拔苦、與樂」的四種意義，發起四弘誓願：①未度令度：度十法界七支等生死之苦，所謂「眾生無邊誓願度」。②未解令解：了解十法界之「無明、愛、取、行、有」五支之煩惱，所謂「煩惱無盡誓願斷」。

③未安令安：以正、助之修行法，安十法界之「無明、愛、取、行、有」，所謂「法門無量誓願學」。④未得涅槃：令轉「識、名色、六入、觸、受、生、老死」七支為安樂涅槃，所謂「佛道無上誓願成」。

(3)善巧安心

即是以十法界一念心中，而分惑、業、苦三道。苦的實相（無自性故）即是法性，非止非觀；業的實相即是解脫，解脫即是止；煩惱的實相即是般若，般若即是觀。結業的煩惱不離一念，當知煩惱是因緣生，無有自性，即是法性，故從法性而論「寂照」，能安住於法性中，是名安心。

所謂善巧安心是巧觀十法界中，「識、名色、六入、觸、受、生、老死」七支即是法性，不起「無明、愛、取」八種顛倒迷惑[25]，名為「觀」。十法界「行、有」等種種顛倒煩惱息滅，故名為「止」。

(4)破法遍

①橫破（對一念中所具足的法而言）十法界：十二因緣悉是一念中，此一念心「不自生、不他生、不共生、不無因生」[26]，當知十法界悉是「無生」。

②豎破（一念心中對迷解淺深不同而言）十法界：行有「見思惑、塵沙惑、無明惑」的區別；不生，菩薩從十住之初住開始至妙覺地，有四十二品的不生不生（圓教說真如之理與十界之事無二），名大涅槃。

(5)識通塞

若能通達因緣是無自性真諦理，為「通」；若生起見思煩惱執著，為「塞」。沉迷執著於真諦理，為「不通」；通達因緣的事理，為「不塞」。若於惑業苦三道生起法愛，為「塞」；通達因緣之中道實相理，為「通」。若經常生起無明、愛、取、行、有，為「失」；若經常於現象中，悉生智慧，為「得」。若論藏、通、別、圓四教的四諦，「苦、集」為塞；「道、滅」為通。其餘煩惱惑、對治法門亦如是！

(6)道品調適

所謂善修道品，若從「通論」而言，十法界都含有「身、受、心、法」四項，十法界因緣中的色蘊，皆名為「身」；一切的感受，皆名為「受」；一切意識，皆名為「心」；一切想、行，皆名為「法」。若從「各別」來說，十二因緣可觀為「身、心、法」念處所含攝。

十二因緣的「名色」支中取「色」，「六入」中取五入（不含「意入」），「觸」中取五觸[27]、五受（不含法處、法受）[28]，「生、老死」支各取「色分」，以上皆名「身念處攝」。「名色」支中取「識分」，「六入」中取「意入」，「生、老死」支各取「識分」，皆名「心念處攝」。「無明、行、名色」支中取「想、行」，「觸」支中取「法觸」，「愛、取、有、生」支中取「想、行」，「死」支中亦取「想、行」，皆名「法念處攝」。如次頁圖：

或是說，「無明」是過去的愛執，而「愛」是汙穢的五陰。若是從現在的角度來說，「無明、行」屬於法念處攝，「識」是心念處攝，「名色」兼含身念處攝與心念處攝；「六入」緣六塵，「塵」為法念處攝，「入」（根）是身念處攝；「觸」是法念處攝，「受」是受念處攝，「愛」是身念處攝與心念處攝，「取」是法念處攝；「有」屬於行，故是法念處攝；「生」是色起，屬於「法念處攝」；「死」是色滅，為「法念處攝」。

從觀為不思議境的角度而言：觀通論、別論的十二因緣，緣諸「色」，非垢非淨，能雙照垢淨，名「身念處」。觀諸因緣「通、別」的各種「感受」，非苦非樂，雙照苦樂，名「受念處」。觀諸因緣「通、別」之「心識」，非常、非無常，雙照常、無常，名「心念處」。觀諸因緣「通、別」之「想、

三念處	十二因緣	取
身念處攝	名色	色
	六入	五入（除意入）
	觸	五觸
	五受、生、老死	各取「色」分
心念處攝	名色	識分（名）
	六入	意入
	生、老死	識分
法念處攝	無明、行、名色	想、行
	觸	法觸
	愛、取、有、生、死	想、行

行」，非我非無我，雙照我、無我，名「法念處」。此四念處能破十二因緣中八種顛倒，將八顛倒轉成四枯、四榮，亦是非枯非榮，中間入涅槃、見佛性也。

(7)助道對治

前面的助道品中，雖觀十法界念處，但一向是直觀理，轉「無明、愛、取」為明，雖然具足正慧，但仍然不能證入。因為「無明、愛、取」是理惡（觀念中的惡法，障中道故），已覆蓋於理慧；事中「行、有」為事惡，又更加助覆蓋理慧，有此事理兩惡，故須加修「行、有」的事善，協助開發涅槃解脫之門，此乃助道對治應用的緣由。

以六波羅蜜安助道對治：若起慳貪的行為現象，將它轉為布施，則生檀（布施）度的善根。若生起破戒的行為，將它轉為持戒，則生尸羅（持戒）的善根。若生起瞋恚的行為，將它轉為忍辱，則生羼提（忍辱）善根。若生起懈怠的行為，將它轉為精進行，則生毗梨耶（精進）善根。若散動心生起，將它轉為禪定心，則支林（禪定）功德生。若起愚癡行，將它轉為覺悟無常、苦、空、無我，故事慧分明，幫助破除理惑。若有其中一項蔽害，就不能見到中道實相理，何況是六項？

若是助道力深，能成辦一切功德，如：調伏六根，滿足六度，具佛威儀，成就佛的自在慧，十力[29]、四無所畏[30]、十八不共法[31]，乃至相好莊嚴等。

從十二因緣解釋四教道場：佛威儀，乃從十二因緣中，論佛坐道場降魔、轉法輪度生、進入涅槃。觀十二因緣生滅，即空、即假、即中，即是天台化法四教之道場。十二因緣概括過去、現在、未來三世，大小道場皆不出其中。《大品般若經・無盡品》說：「若能深觀十二因緣，即是坐道場。」以下解釋天台藏、通、別、圓四教的道場：

若觀「十二因緣生滅」究竟，即是「三藏教佛坐道場」，坐菩提樹下，生草為座，成劣應丈六身佛。若觀「十二因緣即空」究竟，是通教佛坐道場，於七寶菩提樹下，天衣為座[32]。若觀「十二因緣是假名」究竟，別教舍那佛坐道場，七寶菩提樹下，大寶華王座[33]。若觀「十二因緣中」究竟，是圓教毗盧遮那佛坐道場，以虛空為座。故當知大小道場都不出十二因緣觀也。

以下以五時、四教，解釋觀十二因緣不同，又，諸佛皆於此十二因緣觀而轉法輪：

頓——①華嚴時：佛陀於寂滅道場，七處、八會，為利根的菩薩說十二因緣，不生不滅，亦名為「假名」，亦名「中道義」。

漸——②阿含時：佛陀於鹿野苑，為鈍根弟子說十二因緣的生滅相。③方等時：於《方等》十二部經，說十二因緣生滅即空、即假、即中。④般若時：於《摩訶般若經》，說十二因緣即空、即假、即中。⑤法華涅槃時：於《法華經》說十二因緣即中，捨三種方便（廢三乘歸一佛乘）也；於《涅槃經》說十二因緣具足「藏、通、別、圓」四意，眾生皆有佛性，如剛出的乳味有醍醐性。

天台宗判教，藉由五味分判佛陀一代教法的五時。北本《涅槃經．聖行品》載：「譬如從牛出乳，從乳出酪，從酪出生酥，從生酥出熟酥，從熟酥出醍醐。醍醐最上，若有服者，眾病皆除，所有諸藥悉入其中。善男子！佛亦如是。從佛出十二部經，從十二部經出修多羅，從修多羅出方等經，從方等經出般若波羅蜜，從般若波羅蜜出大涅槃，猶如醍醐。」醍醐者譬喻佛性，佛性者即是如來，如是皆觀因緣而得。

四教、五味之不同，皆是約十二因緣善巧分別、隨根機示導而已。

不定：從《大般涅槃經》比對十二因緣，聽聞眾生皆有佛性，因根機不同而有不同領悟，或聽聞小法獲得大果、或聽聞大法獲得小果，是名不定教。

祕密：又《大般涅槃經》說：「我坐道場菩提樹下初成正覺，爾時無量阿僧祇恆河沙等諸佛世界，有諸菩薩亦曾問我是甚深義。」即是從《涅槃經》中，約十二因緣說有祕密教。例如：為鈍根弟子說十二因緣的生滅相，別有利根的菩薩也在座，密聞（反思）十二因緣的不生滅相，即悟入佛性，證得無生法忍，此為祕密意也。

以上，是凡聖同居土中，轉法輪相的內容。

四教涅槃意：又，諸佛皆於此十二因緣觀而證入涅槃，①若約鈍根而言，無明滅乃至老死滅，於煩惱、習氣皆盡除者，是「三藏佛」的有餘、無餘涅槃[34]。②若從空觀的角度，無明滅乃至老死滅，是「通教佛」的有餘、無餘涅槃。③從因緣假名中道觀[35]的角度，無明滅乃至老死滅，是「別教佛」具常、樂、我、淨的涅槃意。④若十二因緣中，三道[36]即是三佛性[37]亦是三涅槃[38]，而涅槃名諸佛法界，是「圓教遮那佛」的四德涅槃。

此是凡聖同居土[39]所示的四種涅槃相，出自《像法決疑經》。方便有餘土[40]及實報無障礙土[41]，成道、轉法輪、入涅槃，亦依上述之義理來解釋，是名「十二因緣攝法義」。

(8) 知次位

以下解釋逆十二因緣修成的智慧不同，故所證得的階位也不同。說明階次時，從有漏的凡夫、聖者之四教義，依次說明：

有漏凡夫：從三善與三惡來說，地獄、餓鬼、畜生三惡道的輕重，皆由無明煩惱、惡的行為及不善的愛、取所致。天、人、阿修羅三善道的尊、卑，也是由於無明善行（有漏的善行）、於「行、愛、取、有」不動念所致。

聖者四教義：三藏教（二乘、菩薩）：若翻轉無明、愛、取，而生起滅除無明、愛、取的智者，即入三藏教慧解脫[42]之賢聖行位。若轉「行、有」，生起四禪「解觀、練、熏、修」[43]的行行功德，即入三藏教俱解脫[44]之賢聖行位，俱解脫或慧解脫的緣覺、獨覺，亦是如此情形。若翻轉無明為般若，翻轉行、有為五度（布施、持戒、忍辱、精進、禪定），翻轉愛、取，可調伏諸根的妄執，即入三僧祇位（三藏教的菩薩）也。

通教：若翻轉無明、愛、取，體悟無明、愛、取的因緣無自性空，即入真諦理，翻轉行、有，修學六度，如於虛空中種樹，即獲得四忍行位[45]。

別教：若翻轉「無明、愛、取」煩惱，能生道種智（菩薩度化眾生的智慧），翻轉「行、有」為善，而歷劫修行，成就六度、種種神通，淨佛國土，成就眾生，即是從淺至深的六輪行位[46]。

圓教：若翻轉無明、愛、取，即是熾然成就三菩提燈者，即有圓教六即位[47]的高下。

以下解釋十二因緣，當下一念即是「六即佛性」。

理即佛：指一切眾生本具佛性，與諸如來無二無別。十二因緣中，一人一念，悉皆圓滿具足。如愚癡即無明，無明即法性（因緣無自性空故），法性如虛空不可盡，老死亦如是。空即是法性，空亦如虛空不可無盡，空則是大乘。《十二門論》說：「空名大乘，普賢、文殊大人所乘，故名『大乘』。」又，《大般涅槃經．師子吼菩薩品》亦說：「一切眾生（皆具足佛性之理），即是一乘。」故，「空、大乘、眾生、法性」如此等之名稱即是理即。

名字即佛：從初發心聞說大乘，知道眾生具有成佛之性理，此等之人於名字（文字意義）中通達了解一切各種善行皆是佛法，故稱名字即。

觀行即佛：既了知一切法皆是佛法（名字即），進而依教修行如所言，所言如所行，言行一致，以證此位，故稱觀行即佛。如前所說種種觀法，通達無礙，即是行處。

相似即佛：前述觀行即佛位中，越觀越明，愈止愈寂而得六根清淨，斷除見思惑，制伏無明之人，此等之人雖未能真證其理，但於真理彷彿是真知、真證，故稱相似即。

此位為十信位，若發得：隨喜品，止是圓信。讀誦品，讀誦受持實相法，輔助信心。說法品，以實相法起化他功德，亦助信心。此三品皆是乘急戒緩[48]。

兼行六度品，少戒急。正行六度品，事理俱急，進發諸三昧陀羅尼，得六根清淨，進入鐵輪位也。

分證即佛：分斷無明而證中道之位，無明惑有四十一品，由十住、十行、十回向、十地、等覺位，漸次破除一品無明而證得一分中道。「惑、業、苦」三道即是「法身、般若、解脫」三德，豁然開悟，見三佛性[49]、住三涅槃[50]入祕密藏，清淨妙法身，湛然應現一切，乃至等覺位，悉是分證即。

究竟即佛：斷除第四十二之元品無明，發究竟圓滿之覺智者，即證入極果妙覺之佛位，由此「究竟般若、妙極法身、自在解脫」三德圓滿，故知小大次位皆約十法界、十二因緣也。

此六即佛雖因智情之深淺、迷悟高低而有六種差別，然其體性不二，彼此互即，故稱為「即」。若不知修行階次妄生執著即成增上慢，減損菩薩慧命。

(9)能安忍

說明所安忍之境為煩惱障、業障、報障，而三障不出十境，故安忍者乃觀十法界因緣中，所生起三障、四魔種種違順之遮道法。

業障──明所忍之境：十境中，業相境、魔事境、禪定境、二乘境、菩薩境等法，皆從「行、有」兩支生起。
業障──明能忍之相：若能安忍即能成就如來「行、有」的功德，六根清淨（圓教十信位）之報相也。
煩惱障──明所忍之境：所謂煩惱障發，指貪、瞋、邪計、深利、諸見慢，二乘的通教、別教，三藏教的菩薩，以上諸慧行等，皆是無明、愛、取支中所生起。
煩惱障──明所忍之相：若能了達以上諸相，悉能安忍，即開佛知見[51]。
報障──明所忍之境：所謂報障發，五陰、十八界、十二入、八風（利、衰、毀、譽、稱、譏、苦、樂）等種種病患，即是「識、名色、六入、觸、受、生、老死」七支中發。
報障──明所忍之相：若知道所悟入的真理即是佛性，視障礙也是法性（不動轉取捨中[52]），猶如虛空，不斷生、死而入涅槃，不破壞五陰、十二入而顯真實法身也。

能如是通達安忍的意涵，就能於煩惱障、業障、報障無所障礙。菩薩若住於忍辱地[53]，柔和善順[54]而不卒暴[55]，心亦不驚[56]，是名「安忍心成就」。若是聲聞人住此忍辱法，終不退作五逆罪、一闡提（無善根者）之人。若是菩薩住忍辱地，就不會再生起障礙修道的重罪。

(10)無法愛

無法愛又稱「離法愛」，即去除對非真菩提之執著，而進入真正之菩提位。可分真位與似位兩種。

似位：菩薩從初調伏煩惱的伏忍[57]進入安住實相的柔順忍[58]，即發鐵輪（十信）位「似解」的功德，對此相似的智慧、功德、法性皆不生愛染。若以為有真智慧，則生無明、愛、取，若以為有真功德，則有「行、有」的業，若以為見到法性，即產生名色、生、死，故不應執著。

頂墮相：若於相似的智慧、功德、法性產生愛著，就不能進入菩薩位，但也不會墮入二乘，是名「頂墮」[59]，亦名「順道」。觀無明、愛、取，為順智慧修行的方法，觀行、有，為順修行的實踐道路，觀識、名色、六入、觸、受、生、老死，為順入法性之道。順此三道，故不會墮入聲聞地，若貪愛此三道，則不入菩薩地。

起愛相：若菩薩欣羨愛著諸佛功德，不再貪念二乘及其餘方便法門，是名為菩薩愛染。因愛著諸佛功德的緣故，所以不能轉無明、愛、取為真正的智明，不能轉行、有為殊勝的妙行，不能顯識、名色等為法身。惑、業、苦三道不能轉，又豈能進入菩薩位？若不執著智慧、功德、法性相似的三法，就不會對「道」的清淨光明產生愛著，既能滅除無量眾罪，使心常常清淨如一，這樣的人則能見到般若。般若尚且都不執著，何況是其他的法門？

真位：「入理般若，名為住」，即如《華嚴經》云：「入初發心住時，即是踏上成正覺的道路，因知一切法真實之性，具足慧身，不由他悟。」見般若者，真見三道（惑、業、苦），三種般若（解脫、般若、法身德）也，自此，心心念念寂滅無為，自然流入薩婆若海（了知內外一切法相的智慧，佛智也），無量的無明煩惱自然破除。

（九）念佛

以下，說明因為修持念佛觀而引發的各種禪相，有些先發念佛三昧，次發諸禪，或是因修諸禪定後，再發念佛三昧。

念佛發禪相貌：坐禪中，忽然思惟諸佛的功德無量無邊，不可思議，信敬慚愧，深生愛慕敬仰。心中想：諸佛有大神力、大智慧、大福德、大相好[60]，因為相好而產生各種功德，具如此功德才有如是相好。於體性、外相莊嚴及其造作的行為上，一一法門都能觀照通達明了，深深了解色身的相好無邊而無疑慮，此為念佛禪的發相。

念佛發初禪：若定心沉穩，不會動亂，能安住此禪定，定力漸漸轉深，依次發粗住心、細住心、欲界定、未到地定，而進入初禪。念佛與根本禪定兩者互不相涉，覺照此念佛境界，故名覺支；分別念佛有種種相、種種功德法門，皆清楚明白，是為觀支；有如是體悟後，心大歡喜，慶悅充滿內心，名喜支；一心安穩，遍身怡悅快樂，名樂支；心沒有其他的雜念，澄明深入，名一心支。

因為念佛三昧[61]而引發初禪，乃至四空定、十六特勝、通明禪、不淨觀、八背捨、慈心觀等的修持也是如此。

說明初禪引發念佛三昧：行人若發初禪等定境，於定心中，忽然憶念諸佛如來，感動諸佛的「福德」是由於「相好」莊嚴而來，而相好是由於「善業」所致，感動、相好、善業[62]，這三種法門與心相應，豁然明了。此種心境發時，禪定的五功德支就更加的殊妙無比，其他如四禪、十六特勝、八背捨等禪法也是如此。

念佛三昧之正邪——正：念佛三昧之禪定有隱沒（不顯現）與不隱沒（顯現）。若先得隱沒，了解佛的功德，意識清楚明了，然後獲得不隱沒，能清楚看見光明相，瞻仰佛的慈容，了了分明，這並非是魔，能增進功德，增長善根。

因為念佛緣故，廣能通達六念法門[63]，所謂念佛的功德法門即是「念法」；弟子信受奉行念佛的相好善業、體性、果德，三事和合，名「念僧」。此即是以念佛來成就念法，以念法來成就念僧。

以善念制止諸惡念，即是「念捨」；如是念時，產生信、敬、慚、愧，即是「念戒」；念此定中，禪定功德與諸天相等，即是「念天」。此六念法中，「念法、念捨、念戒」是三種「自念」，「念佛、念僧、念天」是三種「念他」，乃至通達一切法於念佛門中成就摩訶衍（大乘）皆是如此，如薩陀波崙菩薩見佛時，獲得無量法門，此為內外皆不隱沒。

念佛三昧之正邪——邪：若內心暗昧隱沒，不能意識佛的任何一項功德法門，而眼前卻見到無數光明相，此即是魔相。見此魔境，能折損善根，破壞修道者之道心及功行。一般人見佛光明，但內心卻不知佛的功德，皆非佛也。

說明念佛意義：修持念佛三昧時，於進入定境時，見到佛相好光明，此時應該從法義上去思惟佛的福德智慧，而非執著所見的相，若是取著於色相，容易著魔，而導致魔所隨意變現的一切皆認為是佛。

又，若是如來示現，佛是自在無礙的，何必一定要化現高一丈、全身發光的佛相形狀？佛現一丈光明形相者，僅是依眾生的根機所示現罷了。如《大智度論》卷九說：「佛現一丈光者，乃因眾生少智慧、少福德故，若受多光，眼根不堪，若是利根福德深厚者，則能見無量光。」又「因以何身得度者，即現何身而為說法」，念佛三昧中，見到佛的化身也是如此。於念佛三昧中，見一切色相，隨所見與法門俱發能增長本來之善根，方稱名念佛三昧。

（十）神通

除了漏盡通外，天眼通、他心通、天耳通、宿命通、身通[64]皆因禪修而發，但神通是不能引發禪定的。智顗大師所謂的神通乃是通過智慧而發的，「天眼」通達一切法，實際即是般若的智慧。漏盡通於諸見境中說明。

為什麼從禪定中能引發神通，而不能從神通中引發禪定？諸禪是定力所成，互修互發，彼此都有關係，各種禪定是引發神通的基本條件，神通只是各種禪定的應用而已。從「體」發才有「用」，故神通是依附體性而有的，單單只有用是不可能產生，又如何能引發體？《法華經》云：「深修禪定，得五神通。」即是這個意思。

略說神通不同：若以一般來說，各種禪法皆能引發五神通。若依方便、容易分別而論，根本的四禪八定大多不能引發神通，假使能引發神通，也不能迅速、明利。十六特勝[65]、通明禪[66]多發輕舉的身通。

之前提到十六特勝、通明禪，這二種禪法是透過對身的觀察，能見身、心、息三事的微細相，因息性輕舉、心如鏡像、身如雲影，故能引發身通。

而八背捨[67]、八勝處[68]之定境中，好醜已獲得勝知見，心比色更為殊勝，能轉變而得自在，故多發身如意通（身通）。若是修慈悲觀時，於慈心定中，觀想人的相貌而心生歡喜，因從相貌上就知道人的心念，知道其苦樂，因此多發他心通。若是藉由外在相貌而知道人的心念，也知道語言音聲，也會發天耳通。修因緣觀時，知道人三世的輪轉相，觀照過去事，多發宿命通，觀照未來事多發天眼通。若是修念佛觀而入定，並能清晰明白，多發天眼通。

每種神通皆具有五功德支，如破除對眼根的執障，覺察眼根與色相對，而產生見性作用，即覺支。分別色質等有無量種相，即是觀支。此天眼通開發，是大慶悅，即是喜支。內心受樂，即是樂支。心念無所緣、無所念，湛然澄清，即是一心支。其餘四種神通亦然。原則上一切禪定均可引發五神通，但因禪境不同而所發的神通也有異。

禪的體性有隱藏性，禪的應用有顯現、不隱沒兩種。各種禪法的體性，有些是內心獲得解悟，有些是外相上不明顯，而有隱藏在內的意義。而神通是禪定行者之用，此神通之「用」必然是清楚明了，所以是顯現不隱沒（藏）的。

四、依禪定境修習止觀

修習禪法發生各種禪境，假使貪著禪境，即是「貪著禪味」，也算是禪病。如貪著不同層次的禪味不能出離，則隨境界輪轉生死，但如能出離貪著，再依次第修、依次第破，最後終能使十法成就，直至妙覺地。

若行人引發各種禪定，沒有方便善巧，又貪著禪味、沒有利益眾生，是「菩薩縛」（菩薩的煩惱），因為貪著禪味而隨禪受生，流轉生死，若想求得出離，應當觀察十法界的意義而觀修。

以下，說明十法界中，六凡法界所發之禪觀：

（一）三途界

進入初禪雖引發禪定調伏身口之業，如蛇入筒中，因禪定而使身口正直，但出離禪觀面對境界時，又恢復諂曲，再生煩惱。剛開始時，所生起的煩惱好像小水一般，後慢慢盈滿大容器，此時煩惱深重，喪失禪定、破戒，違反道業而造無間業，佛在世時，有比丘獲得四禪的禪定以為證得四果。

又，如師子音王佛時，勝意菩薩雖得四禪八定，但貪著禪味，貢高我慢，毀謗喜根菩薩[69]不懂實相而墮入地獄之中受苦。或者入定時沒有造惡，出觀時起惡造業。若喪失禪定者，因惡業而墮入惡道，若不失禪定者，禪定福報受盡，則惡業又興起，以致墮飛狸身，殺諸魚鳥而墮入畜生道。又，未得禪定時，沒有名聞利養，獲得禪定後，則因貪著名利而墮入惡鬼道。

（二）人天界

如果在禪定中染著禪定相，出離禪觀後生起慈悲仁義禮智之心，若沒有喪失禪定，則隨禪定福報受盡而生人道之中。若用禪觀，熏習十善，任運成就，是為天業，屬於色界四禪、無色界四空定的業。若專修根本四禪，但增長人天福報，永無出離三界之期。如大通智勝佛時，諸梵天自行說：「一百八十劫，空過無有佛；三惡道充滿，了無一人得出生死。」

以下，為十法界中四聖所發的禪境：

（三）聲聞界

若專修不淨觀、八背捨等禪觀，能引發無漏，斷除見思煩惱成就聲聞法界。

（四）聲聞、菩薩

若觀諸禪能破除六種蔽害[70]，蔽即是集（煩惱），因集而招受苦果，能破除煩惱即是道，修道能通達寂滅解脫處，此是聲聞法界，亦是六度菩薩法界。於四諦中，若是從出離「苦」為修道動機者，即屬聲聞根性，若是以「悲願」而修四聖諦者，即屬菩薩根性。

（五）六度菩薩

又，了知禪定中能棄除欲望，是為布施；若不持戒，三昧不會現前（故須持戒），是為持戒；獲得禪定故無瞋心，是為忍辱；獲得禪定故無雜念，是為精進；禪定本身，即名禪；善知諸法皆無常，名為般若。以上六項，是名因禪定生起的「六度菩薩法界」。

（六）兩教緣覺界

又，觀此禪定是眾因緣生法。假若觀察諸禪的禪定相，是「有」支，「有」支是由執取而來，即有執取必有生乃至老死，如前面所說，此為「緣覺法界」。因之前三藏教中，並未辨明緣覺，又此文中內容說明是列在三藏教菩薩、聲聞之後，故約藏教與通教論「緣覺界」。

（七）通教聲聞菩薩

又，觀諸禪定因緣生法，無常變異，無有自性，即是空。眾因緣生法即是空，是屬於「無生」道諦，乃通教聲聞、菩薩等之法界。

（八）別教菩薩

又，觀此禪定因緣生法，即空、即假、即中[71]，十法界皆從禪定而生，從禪定而滅。這是什麼原因？假使因禪定而產生三途[72]、六道的煩惱法，即是增長欲界、色界、無色界的二十五有[73]，出生凡夫六法界，泯滅聖者四法界。若因禪定產生八背捨[74]等清淨法，則調伏二十五有，也摧毀六法界之業因。

從觀禪定的角度，說明別教菩薩的生滅相，是以「藏、通、別、圓」四教教義的「生滅、無生、無量、無作（一實相）」說明觀法與法界的層次。

若觀背捨是無常者，是用「生滅」拙度破除二十五有，滅六法界業因，入聲聞法界。若觀禪定是因緣生法，是無自性空，是用「無生」巧度破除二十五有，滅七法界（六法界加聲聞界）業因，入緣覺法界。若觀禪定即假合而有者，是用「無量」拙度破除二十五有及客塵煩惱，滅八法界業因，入菩薩法界。若觀禪定因緣生法，即中道者，是用「一實」巧度，破除二十五有及無明惑，滅除九法界業因，入佛法界。

「可思議十法界」總結：若進入證道位，就沒有任何層次的生滅相，乃同歸一實相故。若成就諸佛三昧，就含攝一切三昧，連根本四禪、八背捨等禪法都歸入其中，悉成摩訶衍（大乘）攝義，如河流入海與海同一鹹味。禪定波羅蜜能轉變「慈定」成為「無緣慈悲」、轉變「念佛」成為大念佛海，十方諸佛悉現在前，變化神通成為如來無盡度眾的善巧方便。

簡而言之，九法界中，依戒、定、慧而入「王三昧」者，即是「聖行」。與聖行之理相契，而安住於真理中，即名「天行」。具有無緣大慈同體大悲，即是「梵行」。以平等心，運無緣之大悲，示現出同於眾生之煩惱，欲拔其苦，即「病行」。以慈悲之心，示同人天、聲聞、緣覺之小善，欲施與眾生樂，即「嬰兒行」。以上五行能生十種功德（指菩薩十地），乃至究竟成大涅槃。

上述，是名因禪定而有十法界的「生滅十法」及「隱、顯三諦」（十法界之因不離空、假、中三諦故），依次第生出，輾轉增進，都含攝於成佛的法門，即具足於中道實相的王三昧（意指佛的正覺菩提）內。此乃思議境相，非圓頓實相所觀的內容。

1. 以下解釋不思議境：

「不思議境」即是透過十法界、十如是與三種世間，三者相互交錯而形成的三千世間，而此三千諸法之相狀是超越思量分別所能理解，故名不思議境。此不思議境是智顗大師「一念三千」[75]論說中的三千世間，智顗大師不僅認為觀「心」是不思議，觀「色、受、想、行」乃至十二入、十八界，遍歷一切法皆是不可思議。

(1)不思議觀：若一念定心發，或生起根本味禪（根本四禪、十六特勝、通明禪）或生起淨禪（六妙門、十六特勝、通明禪）乃至神通，即知此心是「無明法性法界」。此說明一念禪心中，具足十法界、百法界[76]的禪定與散亂。若是未認識法性，而迷法性，故有一切散亂的惡法；若是了解法性，就有一切禪定之法。了解法性修習禪定、不識法性而一念散亂，皆是無明，無明的實性即是法性（無自性空）。迷、解、定、散，相雖不同，其無自性空的本質是一樣的，這其中道理微妙難思，絕諸語言，非用情識、想像所能揣測，這豈是凡夫、二乘乃至權教菩薩所能體悟的境界？

由於一念心具足萬法，所以一念即無明，故無明亦即法性（理性本寂），因之定心、淨心、禪味、神通都是法性，法性即無明，此專就法身、法性來說。明與無明是不可分（皆無自性空）、不可思議的，若就修道、解脫論而言，一念的定心與淨心仍與無明是有分別的。經言：「一切眾生（本自具足的法性），即是滅盡定。」只有有情眾生才有定心，所以定心與有情眾生非一非異、非即非離，不可言說，超越思議常情，唯佛才能了知究竟，即是「不可思議境」。至此，即是佛界，所以不須以下「發菩提心」等九法。

(2)明發心：若於「不思議境」無法透過觀法開悟，須重新再發起慈悲心。真如佛性的理體是寂靜無為的，而眾生因為不了解而生起迷惑，於本自清淨的如來藏生起無明戲論，造作諸多煩惱，是故「發起慈悲心」欲拔除眾生苦。又「無明實性即是法性，煩惱實相即是菩提」，要令眾生於事相上體悟當下法性寂靜之真實而顯現法身，是故生起慈心，予眾生究竟樂。如是誓願清淨、純正，上求佛道，下化眾生，不夾雜煩惱（喻三藏教菩薩）、不偏邪（喻二乘及通教、別教菩薩）、無所依恃、離有無二邊，名「發菩提心」，此心發時，豁然開悟，如快馬見鞭影一般，即是到達正路。

(3)明安心：若不能通達以上所說境相，應當安心修習止觀，善巧迴轉，方便修習，或修止或修觀。

若是觀一念中之禪定，離有無二邊寂滅，名「體真止」；觀照法性（空、假、中三諦）清淨，無障無礙，是名「空觀」。又，觀禪心「即空、即假」，雙照二諦（世俗諦、勝義諦）而於真際（法性）不動，名「隨緣止」；通達各種藥方、病因，以最適當的方式應用，是名「假觀」。

又，深觀禪心，禪心即空、即假、即中，無二無別，是名「無分別止」；通達實相、如來藏、第一義諦，無二無別，是名「中道觀」。三止、三觀在一念心中，無前、後、一、異之別。

空、假、中三諦之體性，本無「一或三、中或邊」的分別。為破空、假二邊，名「一」；為破邊，故名「中」；為破除偏著，故名「圓」；為破除生滅，是名「寂滅」；為破次第的三止、三觀，故名「三觀一心」，這其中實無「中、圓、一心」的定相。依此心念修習止觀，故名「安心」。

(4)明破遍：若是於止觀二法研磨其心，仍然不能悟入的人，當知尚未發起真諦理之前，皆是迷亂。應以一心三觀，遍破橫豎的一切迷亂，若「去迷」就能開發慧，若能「息亂」就能成就禪定。

(5)明通塞：若是還不能悟，即是（阻）塞而不能通達，應當再觀修習中何處不能通達？如何才能不阻塞？若是沒有阻塞，即應該是通，若有不通，更須仔細觀察。從文字中了知內在意義（不執文字相）並應認識四諦的得失。

(6)明道品：經過前五項的修持運心，還不能悟入的行人，是修道過程中，不了解以道品來調適身心。因為一念禪心中，已具足十法界、五陰，善知五陰即是空，能破除三界內二乘趨向涅槃的「常、樂、我、淨」四法，而生起苦、空、無常、無我之見。二乘之四倒，譬喻為「四枯」。五陰是假合而有，是菩薩趨向涅槃之法，生起「常、樂、我、淨」之見，能破除三界外之四顛倒，故譬喻為「四榮」。五陰即是中道，非內、非外，非榮、非枯，於其中間而般涅槃。

以上所說四種「非內、非外，非榮、非枯」之念，助開道品之門，即開三解脫門，入涅槃道定具足。

(7)明對治：修習禪定中，菩薩要對治的障礙有六項：慳貪、毀犯、瞋心、懈怠、散亂、愚癡。

①治慳障：由於過去障礙，現在執著禪味而不能棄捨，故成慳貪的障礙。如何發起道心？應當勤求懺悔，捨身、命、財，並捨去對禪定的貪著，修布施以對治慳貪的蔽害。

②治戒障：因味著各種禪定法味，即破隨道戒（聲聞初果須陀洹人，隨順諦理，能破見惑，無所分別，名隨道戒），乃至破具足戒（受具足戒時，並得如此無量無邊等戒，量等虛空，境遍法界，莫不圓足，故名具足戒。）由於過去、現在相扶，共成破戒的蔽害，應當勤求懺悔，使事相如法如儀，可以對治犯戒的障礙。

③治瞋障：五通梵志尚且都有瞋心，何況今發薄禪（淺的禪定），難免還是有瞋惱的。又，欲界、色界、無色界的禪定雖然具有定力，但非悟入「無生」，也不是入「寂滅」處，如果不是這兩種境界，還是會有瞋心的。因過去與現在的關係，共成瞋恚的障礙，應當勤求懺悔，加修事相上的慈心，以對治瞋障。

④治懈障：味著禪定法味，乃被放逸、愚癡所矇騙，間雜散亂動盪的心因過

去與現在的關係共成懈怠的障礙，應當精進不懈，相續不斷，以對治懈怠的障礙。

⑤治散障：禪定中所發的業相常擾亂身心，不能使心清淨，二乘人以斷除煩惱來抵住業相，而菩薩斷盡煩惱，為成就法性身，而修諸善業以助開各種道門。要成就法性身尚且如此，生死的凡夫身豈能沒有障礙？故須修善對治散亂的障礙。

⑥治愚癡障：執著禪定法味，是不了解無常生滅之理，況執取「無常生滅」？因過去與現在的關係共成愚癡障，應當勤求懺悔，對治愚癡的障礙。

(8)識次位：防止內心生起增上慢，即行人了知自身修證之分齊[77]，能避免有增上慢心。依此觀法能辨知真似的差別與階次，奮發策進。

(9)能安忍：防止外在的八風（利、衰、毀、譽、稱、譏、苦、樂），即心安然能忍，不為順逆因緣所動，而成就道事。

(10)除法愛：預防頂墮，行人不會愛著相似階位之法，進而入法性。若入似位，獲得六根互用，遠離內外見思惑的障礙，永不墮苦趣，即生愛著之心，名為

「法愛」，又不退不進，名為「頂墮」。今修此法，去除法愛之墮心，進入初住真因之位，以利益眾生，作廣大佛事。

結語

若十乘觀法成就，能速證無生（空、真理），獲得一佛乘的根性，入十住、十行、十回向與十地的四十菩薩階位，遊於四方度眾利生，直至妙覺地，破三界二十五有[78]，證王三昧[79]。「十乘觀行」不僅為初心行者所修，圓教的五品觀行位（外凡位）以上，乃至到聖地的「妙覺位」無不具此。

【註】

1 十六特勝：觀察四念處有十六種的特勝，即知息入、知息出、知息長短、知息遍身、除諸身行、受喜、受樂、受諸心行、心作喜、心作攝、心作解脫、觀無常、觀出散、觀離欲、觀滅、觀棄捨。

2 三種色：指《五蘊論》所說的顯色、形色、表色。(1)顯色，指青黃赤白、光影明暗、煙雲、塵霧、虛空等色，明顯可見，故名顯色。(2)形色，謂長短方圓、粗細高下，若正不正皆有形相，故名形色。(3)表色，謂行住坐臥，取捨屈伸，雖是所行之事而有表對，顯然可見，故名表色。

3 三十六物：分為三類：(1)外相十二：髮、毛、爪、齒、眵、淚、涎、唾、屎、溺、垢、汗。(2)身器十二：皮、膚、血、肉、筋、脈、骨、髓、肪、膏、腦、膜。(3)內含十二：肝、膽、腸、胃、脾、腎、心、肺、生臟、熟臟、赤痰、白痰。

4 三明六通：三明指天眼明、宿命明、漏盡明，六通指天眼通、天耳通、他心通、宿命通、神足通、漏盡通。

5 八解脫：又名八背捨，即八種背棄捨除三界煩惱繫縛的禪定。

6 願智頂禪：超越世間、出世間的大乘禪稱為「頂」，此禪定能轉壽為福，轉福為壽，名為「願智」。又，此禪以願為先，引起妙智慧，如願而了，故名願智。

7 八背捨：又名八解脫，即八種背棄捨除三界煩惱繫縛的禪定。修此觀能開發無漏智慧，斷三界見思煩惱盡，證阿羅漢果。

8 八勝處：修八背捨後，觀心成熟，可以運轉自如，不論淨與不淨均能隨意破除，能善調觀心。

9 觀禪：修九想、八背捨、八勝處，十一切處，此四種通觀法相，故名觀禪。

10 練禪：即九次第定。從入初禪後，次入二禪，再入三禪，如是次第至滅受想定。

11 熏禪：獅子奮迅三昧也。此禪出入次第無間，猶如獅子之能進、能退而奮諸塵土，能遍熏諸禪，悉使通利，轉變自在。

12 修禪：超越三昧也。能於各禪定間，不論次第、遠近、進退，皆能任運自在。

13 根本味禪：前三種根本禪法，是有漏，名「根本味」。

14 根本淨禪：指六妙門、十六特勝、通明禪。

15 四事：指觀、練、熏、修四項。觀禪指明白觀照對象之禪，即觀不淨等境以破淫欲等念。練禪指將觀禪境界再作進一步鍛鍊淨化，即以無漏禪練諸有漏禪，猶如鍊金。熏禪指將前一境界更進一步熏習純熟，而開拓自在之境地，即能遍熏熟諸禪，悉皆通利，轉變自在。修禪指將前面之境界再作進一步修治而增長其功德，即超入超出順逆自在之禪。

16 微細煩惱：謂受、想、行、觸、思、欲、解、念、定、慧。

17 十一切處：即是青、黃、赤、白、地、水、火、風、空、識，以此十色包括一切萬事萬物作為一個對象而起觀照。

18 十法功德：定、空、明淨、喜悅、快樂、善心生起、知見明了、無累解脫、境界現前、心調柔。

19 七種學人：須陀洹向、須陀洹果、斯陀含向、斯陀含果、阿那含向、阿那含果、阿羅漢果，是小乘七種學人。修而未至，名之為向；修之已至，名之為果。此七種人，於小乘法，果行未滿，尚須修習，故名學人。

20 五住地煩惱：(1)見一切住地，即身見等三界之見惑。(2)欲愛住地，即欲界煩惱中，除見、無明，而著於外之五欲（色、聲、香、味、觸）之煩惱。(3)色愛住地，即色界之煩惱中，除見、無明，捨外之五欲而著於一己色身之煩惱。(4)有愛住地，即無色界之煩惱中，除見、無明，捨離色貪而愛著己身之煩惱。(5)無明住地，即三界一切之無明。

21 三種涅槃：天台宗就體、相、用三方面，用以彰顯不生不滅之義所立之三種涅槃。(1)性淨涅槃：諸法實相不生不滅，即性淨涅槃。(2)圓淨涅槃：智極為圓，惑盡為淨，智若契理，惑畢竟不生，智畢竟不滅，不生不滅即圓淨涅槃。(3)方便淨涅槃：智能契理，即照群機，照必垂應，機感即生，此生非生，機緣既盡，應身即滅，此滅非滅，不生不滅即方便淨涅槃。以上，依序以體大、相大、用大，為三身中之法身、報身、應身。

22 十如是：「相」指外在之形相。「性」指內在之本性。「體」即以相、性為屬性之主體。「力」即體所具有之潛在能力。「作」乃顯現動作者。「因」指直接原因。「緣」為間接原因。「果」即由因、緣和合所生之結果。「報」指果報。「本末究竟等」的「本」指開始之相，「末」指最末之報，「等」指平等。以上之如是相乃至如是報，皆歸趨於同一實相而究竟平等，故說本末究竟等。

23 三種佛姓：人人本具的佛性，是「正因佛性」；一切功德善根，資助開發本具佛德，為

「緣因佛性」；證得本具的佛性般若，為「了因佛性」。

24 十境：又作止觀十境、十種觀境。即：陰入界境、煩惱境、病患境、業相境、魔事境、禪定境、諸見境、增上慢境、二乘境、菩薩境。

25 八種顛倒：指凡夫、二乘所迷執之八種顛倒。即凡夫執有為生滅之法為常、樂、我、淨，二乘行者執無為涅槃之法為非常、非樂、非我、非淨，故又稱為「凡小八倒」。

26《中論》云：「諸法不自生，亦不從他生，不共不無因，是故知無生。」不自生，諸法是因緣所生故；不他生，諸法非單一因由他生故；不共生，諸法也不是兩者和合而生；不無因生，諸法並非無因而有故。

27 五觸：滑性、澀性、重性、輕性、冷、飢、渴等。

28 五受：（身）樂受、（心）喜受、（身）苦受、（心）憂受、捨受。

29 佛十力：知覺處非處智力、知三世業報智力、知諸禪解脫三昧智力、知諸根勝劣智力、知種種解智力、知種種界智力、知一切至所道智力、知天眼無礙智力、知宿命無漏智力、知永斷習氣智力。

30 佛四無所畏：一切智無所畏、漏盡無所畏、說障道無所畏、說盡苦道無所畏。

31 佛十八不共法：身無失、口無失、念無失、無異想、無不定心、無不知己捨、欲無減、精進無減、念無減、慧無減、解脫無減、解脫知見無減、一切身業隨智慧行、一切口業隨智慧行、一切意業隨智慧行、智慧知過去世無礙、智慧知未來世無礙、智慧知現在世無礙。

32 通教法性生身佛，以天衣為座：色界天衣，純金色光明，如是等寶衣敷座，菩薩坐上此座，得證阿耨多羅三藐三菩提。寶樹表殊勝，天衣表自然也。

33 七寶菩提樹下，大寶華王座：七寶眾多，表無量故。大寶華王座，或稱寂滅道場。

34 有餘、無餘涅槃：為生死之因之惑業已盡，猶餘有漏依身之苦果也，稱有餘涅槃；更滅依身之苦果，無所餘也，稱為無餘涅槃。

35 因緣假名中道觀：空、假、中三觀，乃別教菩薩所修的觀法。

36 三道：惑道、業道、苦道，此三者為生死流轉之因果。

37 三佛性：正因佛性，眾生本具之理性。了因佛性，為顯法身之照了覺智。緣因佛性，為資助覺智之功德善根。

38 三涅槃：諸法實相不生不滅，即性淨涅槃。惑智畢竟不生不滅，即圓淨涅槃。智照群機而垂應，非生非滅，即方便淨涅槃。

39 凡聖同居土：指人天兩道之凡夫與聲聞緣覺之聖者同居之國土。

40 方便有餘土：指阿羅漢、辟支佛、地前菩薩所居之土。

41 實報無障礙土：為斷除一分無明之菩薩所生之處。

42 慧解脫：指僅由無漏智慧力斷除煩惱障（但未得滅盡定）而獲得解脫的阿羅漢。

43 四禪：觀禪指明白觀照對象之禪，即觀不淨等境以破淫欲等念。練禪指將觀禪境界再作進一步鍛鍊淨化，即以無漏禪練諸有漏禪，猶如鍊金。熏禪指將前一境界更進一步熏習純熟，而開拓自在之境地，即能遍熏熟諸禪，悉皆通利，轉變自在。修禪指將前面之境界再作進一步修治而增長其功德，即超入超出順逆自在之禪。

44 俱解脫：指得滅盡定，由慧、定之力斷除煩惱、解脫二障而得解脫的阿羅漢。

45 四忍：(1)伏忍：初學佛時煩惱未斷，遇惡緣逆境時，刻意降伏煩惱，不令生起。(2)信忍：對佛法的真理能信受不疑。(3)柔順忍：於真理深信之後，對一切外境皆能逆來順受，安忍於心。(4)無生忍：悟入諸法不生之理。(5)寂滅忍：諸惑斷盡，清淨無為，湛然寂滅。伏忍、信忍屬乾慧位，順忍是性地位，無生法忍是八人見地位。

46 六輪位：指鐵、銅、銀、金、琉璃、摩尼輪位，配以十信、十住、十行、十回向、十地、等覺階位而稱。

47 六即位：理即、名字即、觀行即、相似即、分證即、究竟即。

48 乘急戒緩：不嚴守戒律，卻專研於智慧的開發。

49 三佛性：正因佛性，眾生本具之理性。了因佛性，顯發法身之照了覺智。緣因佛性，資助覺智之功德善根。

50 三涅槃：天台宗就體、相、用彰顯不生不滅之義，所立之「性淨涅槃、圓淨涅槃、方便淨涅槃」。

51 開佛知見：謂破除無明，開顯如來藏，而彰顯實相之理。

52 不動轉取捨：由惑業感苦樂報，當處正眼看來，莫一一非本有妙性。

53 住忍辱地：安住於眾生忍、法忍、無生法忍中。

54 柔和善順：柔者，自柔伏其心及柔伏眾生。和者，修六和敬、持戒、修禪智及證解脫法。善順者，善知眾生根性，隨順調伏。

55 不卒暴：做事不倉促、暴躁，有定力故。

56 心不驚：善聲、惡聲乃至霹靂、諸惡境界及善色相，耳聞眼見心皆不動，解空法故，畢竟無心，故言不驚。

57 伏忍：開始學習觀解，能調伏煩惱。

58 柔順忍：安住於實相之理，心柔智順。

59 頂墮：菩薩於十信之相似位，永斷見思二惑，得六根互用之功德，故云頂，於此不更進修入十住之位，是名頂墮。

60 佛的大神力從解脫德起，大智慧從般若德起，大福德是相因從法身德起。

61 念佛三昧：十方三世諸佛，常以心眼見，如現在前。念佛三昧有二種：一者，聲聞法中，於一佛身，心眼見滿十方。二者，菩薩道，於無量佛土中，念三世十方諸佛，以是故言：念無量佛土，諸佛三昧常現在前。

62 感動、相好、善業：感動是相好之用，相好是相之果，善業是相之因。

63 六念：念佛、念法、念僧、念捨、念戒、念天。

64 五神通：身通即神足通，自由無礙，隨心所欲現身之能力。天眼通能見六道眾生生死苦樂之相及世間一切種種形色，無有障礙。天耳通能聞六道眾生苦樂憂喜之語言，及世間種種之音聲。他心通能知六道眾生心中所思之事。宿命通能知自身及六道眾生之百千萬世宿命及所作之事。

65 十六特勝：即以十六種觀數息來制馭散亂，使精神統一之法。

66 通明禪：修此禪定時，必通觀息、色、心三事而徹見無礙，並能得六通、三明，故稱通明。

67 八背捨：依八種定力而捨卻對色與無色之貪欲。

68 八勝處：勝處，謂制勝煩惱以引起佛教認識之所依處，即觀欲界之色處（色與相），制伏之而去除貪心之八階段。

69 喜根菩薩：弘揚諸法實相，不著善惡、世間與出世間兩邊執，後來於東方成佛，國土寶嚴，佛名光逾日明王。

70 六蔽：慳吝、毀犯、瞋恚、懈怠、散亂、愚癡。

71 即空即假即中：三諦也。空諦：諸法本空，眾生不了，執之為實而生妄見，若以空觀對治之，則執情自忘，情忘即能離於諸相，了悟真空之理。假諦：諸法雖即本空，然因緣聚時則歷歷宛然，於空中立一切法，故稱假諦。中諦：以中觀觀之，諸法本來不離二邊、不即二邊、非真非俗、即真即俗，清淨洞徹，圓融無礙，故稱中諦。

72 三途：火、血、刀配貪、瞋、癡三毒，為三途。

73 二十五有：生死輪迴之迷界，分為二十五種。由因必得果，因果不亡，故稱為「有」。欲界十四有、色界七有、無色界四有。

74 八背捨：八項背棄三界五欲，捨離諸有執著心，開發無漏智慧、斷三界見思煩惱盡的禪定觀法。

75 一念三千：謂凡夫當下一念之中，具足三千世間之諸法性相。一心具十法界，一法界又具十法界，故成百法界，而一界具十如是、三種世間，所以百法界即具三千種世間。此三千在一念心，若無心而已，介爾有心，即具三千。（介爾即謂現前剎那之一念心）

76 百法界：十法界中，一法界各具足十法界，是百法界。十法界指：佛、菩薩、緣覺、聲聞、天、人、阿修羅、餓鬼、畜生、地獄。一念心為善，或為天、人法界，一念心起惡，或為餓鬼、畜生。

77 分齊：指限界、差別。又指有所差別之內容、範圍、程度，或指具有程度差別之階位、身分等。概用以強調程度上之差異、區別，而非僅為一般性質之異同出入而已。

78 三界二十五有：欲界有十四有，四惡趣、四洲、六欲天也。色界有七有，四禪天及初禪中之大梵天，並第四禪中之淨居天與無想天也。無色界有四有，四空處是也。通三界而有二十五之果報，名二十五有。

79 證王三昧：證入如國王般的定慧，喻指佛所具足的定慧。

諸見境

《摩訶止觀》十境中的第七境「諸見境」，說明修禪定後所引發的各種見解。依人而言，如：非佛教的外道、依附佛法而有異論的外道、雖有佛教正信但不入正理的外道。若就法執而言：以自己的智慧見解當作「一切智」、如幻術師以幻術為一切智、世間以世間學術為上，均是執見。以下分四項說明「諸見發相」：一、諸見境的人與法。二、諸見之生起因緣和發相。三、諸見之過失。四、如何於諸見境修止觀。

一、諸見境的人與法

此項又分：（一）邪人不同；（二）邪人執法不同。

（一）邪人不同

邪人不同又分為三種：佛法外的外道、附佛法的外道、學習佛法後成為外道。

1.佛法外的外道

佛法外的外道可分為三仙、四外道。三仙即「黃頭仙、休留仙、苦行仙」，加上「尼乾陀若提子」為四種外道。

(1)迦毗羅外道：譯為「黃頭」，頭如金色。數論派之祖，主張「因中有果」，即因中存有果性的外道，譬如「禾因穀生」，而論其穀中即有禾性。

(2)優樓僧佉：譯為「休留」，六派哲學中勝論派之祖，主張「因中無果」，即因中不一定具有果性之義。

(3)勒沙婆：譯為「苦行」，即尼乾子外道，主張「因中亦有果、亦無果」。此外道因以修苦行，離世間之衣食束縛，而期遠離煩惱結與三界之繫縛，故稱「尼乾子、離繫外道」。又此外道不以露形為恥，故世人貶稱為「無慚外道、裸形外道」。

另外，「尼乾陀若提子」是尼乾子外道之一、印度外道六師之一，耆那教之開祖。意譯作「離繫親子」。主張罪福苦樂皆是前世之定因，非修行所能息斷，一切眾生經八萬劫而在生死輪迴之中自然得解脫，有罪無罪也都如是，如四大河悉入大海，無有差別，一切眾生亦復如是，得解脫時皆無差別。

佛陀時代，雖說主流社會信奉的是印度教，但在當時仍然有對吠陀學派批判的自由思想家，提倡否定吠陀權威的學說。原始佛典裡對這些學說合稱為「六十二見」，並總結其主要思想為「六師外道」，這六師各有十六個弟子繼承，繼而發展成為九十六種外道。

佛出世時，印度教思想的歸結為六師外道：

(1)珊闍耶毗羅胝子：懷疑論者。不承認認知有普遍之正確性，而主張不可知論，且認為道不須修，經八萬劫自然而得。
(2)阿耆多翅舍欽婆羅：唯物論、快樂論者。否認因果論，乃路伽耶派之先驅。
(3)末伽梨拘舍梨：宿命論之自然論者。主張苦樂不由因緣，而唯為自然產生，係阿耆毗伽派之主導者。
(4)富蘭那迦葉：無道德論者。否認善、惡之業報。
(5)迦羅鳩馱迦旃延：無因論之感覺論者。認為地、水、火、風、苦、樂、靈魂為獨立之要素。

(6)尼乾陀若提子：耆那教之創始人。主張苦樂、罪福等皆由前世所造，必然要受報的，並非今世行道所能斷者。

2.附佛法的外道

附佛法外道起自部派佛教的犢子部、方廣部，自以為聰明，讀佛經書而生起邪見，因依附佛法而生起，故名「附佛外道」。

(1)犢子部：部派佛教的部派之一，以拘舍彌為根據地，源自上座部系統，保留簡樸學風，尊奉《舍利弗阿毗曇》。這一派最大特點是認為有一個「不可說我」（補特伽羅，後來大乘瑜伽行派稱「阿賴耶識」）的存在，是佛教中少見的「有我論」者，也因此常受到其他部派及大乘佛教的攻擊。他們認為諸法若離補特伽羅，無從前世轉至後世，依補特伽羅可說有移轉。主張色（陰）中即是我、離色有我、色中有我、我中有色，受、想、行、識陰也是如此，故合有「二十身見」。他們的學說影響到瑜伽行唯識學派，立「阿賴耶識」為生死流轉的根本。《大智度論》載：「能破除這二十身見，即成就須陀洹（初果羅漢）。」即是這個意思。

(2)方廣部：大眾部支派，以尊奉方廣部經典聞名，主張一切法空。方廣道人自以為聰明，讀誦《大品般若經》時，經中提及「解了諸法如幻、如焰、如水中月、如虛空、如響、如犍闥婆城、如夢、如影、如鏡中像、如化」，即認為一切皆是不生不滅，如幻如化，故以「空幻為宗」。

方廣道人認為一切法皆是空無所有，而《大智度論》記載：「更有佛法中方廣道人言：一切法不生不滅，空無所有。譬如龜毛、兔角是常無。」說明方廣道人是重於超越，不免輕忽了現實，說一切法空無所有，如龜毛、兔角一樣，也正是此意境的表現。龍樹菩薩說：這不是真正的佛法，方廣道人所作，也是邪人法也。

方廣道人具有四種意義，故非大乘門：①不認識所依止的真理。②不識知所生起之煩惱相。③不能識知能執取的相而生煩惱。④縱有觀法卻不能破除執著，因所依止的真理雖是佛法，但因執取故，猶名「外道」，故龍樹菩薩於《大智度論》中引述斥之。

3.學習佛法後成為外道

執著佛教的義理而生煩惱，故不得進入義理門。《大智度論》載：「若不能證得般若的方便，入阿毗曇[1]，即墮入「有」見；若入空門，即墮入「虛無」；入毗勒門[2]，則墮入「亦有亦無」中。」佛法實相，不受不著，若執著「有、無、亦有亦無、非有非無」，就失去般若的真正意義，為邪火所燒，還成邪人法。故，《中論》、《百論》中廣破外道之見。

（二）邪人執法不同

《注維摩詰經．弟子品》記載：「一師各有三種法：一得一切智法，二得神通法，三得韋陀法。」意指六師盡起邪見，裸形、苦行，自稱得一切智。凡有三種六師，合十八部，皆自稱得一切智、五神通、韋陀法。

1.得一切智法：自稱得一切智者，見邪真理而發邪智而辯才無礙，因此「見智」通一切法，故名一切智外道。

2.得神通法：自稱得神通法者，得世間之禪定而發五神通，發得五神通可以變城為鹹土，轉帝釋為羊，停恆河在耳中，手摸日月，此名神通外道。

3.得韋陀法：自稱得韋陀法者，又名文字外道，博學多聞，通四韋陀、十八大經，世間吉凶、天文、地理、醫方、卜相等無所不知者，是為韋陀外道。如左圖：

得一切智法	各於所計，生一種見	一切智外道
得神通法	發得五通	神通外道
得韋陀法	世間文字、星象、醫方、卜相等悉皆能知	韋陀外道

明不得意（不能了知佛法真正意涵）：犢子部、方廣道人便是如此，若執著佛法，容易成邪。從三藏教來說，執取佛法有「生滅、無生滅、亦生亦滅、非生非滅」四門。一門又有三，一則直發理解，智性生見；二則獲得各種神通；三則解《四阿含》文字。如是四門，則有十二種得法不同。

明得意：若能了解佛法真正意涵，一一門中（如四念處），初有三種念處，一則性念處，緣無生之空理而斷煩惱者，如慧解脫羅漢。二則共念處，由性念處而得三明六通者，即俱解脫羅漢。三則緣念處，由三藏十二部經而悟達者，即無礙解脫羅漢。

「性」是直緣諦理，「共」是事、理合修，「緣」是遍緣一切境法，亦是緣三藏教法。證果時，成就三種解脫，即慧解脫、俱解脫、無疑解脫。

《毗曇婆沙》記載有三種解脫：「煩惱障解脫、禪定障解脫、一切法障解脫。慧解脫行人，得初解脫；共解脫行人，得第二解脫；唯佛得第三解脫，總名『無疑解脫』也。」

執著大乘「通教、別教、圓教」四門者，總有三十六種得法（四念處×三念處×三教）不同。

二、諸見之生起因緣和發相

之前敘述因外道的我執、法執而引發邪見，以下針對所見所聞習以為常、以為真實，來說明此等邪見，進而對中國儒道二家評破，即為「正明過失」。最後以「因空、明空」修止觀，但因藏、通、別、圓四教不同而各有次第。

（一）諸見之生起因緣

或因禪定發而生邪見，或因聽聞而生邪見。眾生久遠劫來，無所不作，曾經學習各種邪見，於輪迴中，隔一生就忘記了，但所造的罪覆蓋根本智慧，使心不能速開慧解。今障礙較少，能引發各種禪定，有時是禪定與知見同時發、或是先發禪定再發知見、或是聽聞他人說而豁然生起邪見，此時，能破除過去的執著，辯才無礙，巧說自己所得之法，別人來問難也能申辯詮釋。以下，解釋因禪定而引發的邪見：

1. 因禪定而引發的外道見

(1) 迦毗羅見（數論派之祖）：於禪定功德支中的觀支，推研道理，主張諸法是「因中有果」，即因中就有果的意義存在。此種見解聰明伶利，洞見深遠，過於常人，並將此為難他人，他人不得解，就說別人妄語，執著自己的看法，並以為是真實、是無生真理的智慧。若仔細推尋，這是屬於見惑的煩惱，世智辯聰，乃是具足八十八使的顛倒煩悶，此為「迦毗羅邪見」發相。

(2) 僧佉見（勝論派之祖）：從禪定的觀支中，推尋諸法根源，主張「因中無果」，即因中不一定具有果性之義。此見解分明，解心猛利，雖遇種種困難，皆能通達，而引發種種證相，證成「因中無果」的義理，以此破斥他人，並以此為實，此為「僧佉邪見」發相。

(3)勒沙婆見（苦行外道）：從禪定的觀支中，推尋諸法根源，主張「因中亦有果、亦無果」，即因中具「有果與無果」的可能性。《大智度論》記載「有與無諍，無與有諍」，言長爪梵志以種種經書智慧力，種種譏刺是法、是非法、是應、是不應、是實、是不實、是有、是無，破他論議。即是說明長爪梵志執「亦有亦無、有無諍」，假使有此知見，就有無窮盡的問難，此為「勒沙婆邪見」發相。

六師外道所執不同，必須了解其執意，才能勘驗所發的見境，但皆是大同小異。

2.因禪定而引發的附佛外道邪見

(1)犢子見：於禪定功德支的觀支中，認為有一個「不可說我」（補特伽羅，即阿賴耶識）的存在，不在「過去、現在、未來、無為」的四句中，而立第五「不可說我」中。認為「諸法若離補特伽羅，無從前世轉至後世，依補特伽羅可說有移轉」，引發此種見解時，聰明伶利，能問能答，迅速敏捷，難以相對，這是「犢子部邪見」發相。

(2)方廣見：於禪定功德支的觀支中，認為一切法不生不滅，空無所有，譬如兔角、龜毛常無。以此空見，不知假有，故失「世俗諦」義，既執著邪空，迷於正空，亦喪失「真諦」，此為「方廣道人邪見」發相。

3.因禪定而引發的佛法內外道見

(1)三藏教四見

有門見：三藏教的四見即「有見、空見、亦有亦無見、非有非無見」，於禪定功德支的觀支中，推尋諸法是無常、生滅不住，人、我雖如龜毛、兔角不可得，但仔細分析，尚有微細的法塵存在，而計為實法，依此所發的見解，認為世間雖是無常、因緣性空，但有「法相」、有「相用」。若是三賢位[3]的人，有些微道念與解悟同時生起，能調伏煩惱，入方便位[4]，雖能了解無常之理，但增長諍競之心，煩惱越來越熾盛，此為「有門邪見」發相。

空門見：於禪定功德支的觀支中，忽然生起對「空」的理解，言世間是無常生滅，一切法是假有，感受是假合而有，名稱也是假合而有，以種種方便分析萬法入空。此種見解聰明銳利，問難破他，應用神速，無人能敵，此為「空門邪見」發相。

亦有亦無見：於禪定功德支的觀支中，計著一切法是「亦有、亦無」。此種見解問難無窮無盡，只重論議，並未發真正的禪定，此為「亦有亦無邪見」發相。「非有非無邪見」也是如此。

以上四門，若能通達真理實相，則成正見，若不知方便善巧，則墮入四見之中，此為佛法內邪人所觀之邪見。

(2)通教四門四見：

於禪定功德支的觀支中，忽生解悟，認為世間一切夢幻空花，如虛無般的存在，有此見解，解心聰敏銳利，或以為世間是虛幻，本無真實，無真實故空，故對「空」之解悟明利；或將世間作「亦空亦有」理解，譬如幻化的東西，雖見但不實在；或作「非空非有」理解，世間非幻有，亦非幻無。

於《中論・觀法品》記載：「若言諸法非有非無，是名愚癡論。」此種修道人聲稱「聞說即悟」，已獲得實相，依此邪心取著之戲論者，即屬愚癡論，是為「通教四門四邪見」發相。

(3)別教四門四見：

於禪定功德支的觀支中，思惟通教四門的理解是三界內的幻夢，此三界幻夢是從無明而生。觀「無明」無有自性的「實相」即是「法性」，也有四門：或說法性如井中七寶（有門）；或說如虛空（空門）；或說如酒酪瓶（亦有亦空）；或說是中道（非有非空）。此四項見解明利，即是禪定引發的「別教四門邪見」。

(4)圓教四門見：

於禪定功德支的觀支中，忽然解悟，轉無明為明，明即具足一切法；或是以為無明不可得，無明轉變為明後，明也是不可得，此不可得具足一切法；或是以為法性之明，亦可得、亦不可得，非可得、非不可得。此解清明銳利，無所不破，亦無所不立，沒有人能超越，自已認為已證得無生忍，有如此見解，即「圓教四門邪見」發相。

大乘的藏、通、別、圓四門[5]，產生邪見的原因，乃因大乘實教本是真實之語，但修道之人卻依文字而產生邪見，故使佛法變成虛妄之語，如生死之法（生死的實相）本是涅槃，今因貪著涅槃，反而墮入生死之中。佛法如甘露，但因貪著而生起邪見，喪失方便，亦墮於邪執，故稱「內邪見」。

以下解釋因聽聞而引發邪見，內容與「因禪定而引發的邪見」相似，乃是從聽聞得知，而視之為正理所成之邪見。

行者雖獲得禪定，但尚未引發知見，要透過有經驗的行者來啟發其心。心既獲得寂靜明利，忽然聽聞「因中有果」，心中豁然開悟，洞明邪慧百千種意義，所知越來越深遠，猶如石泉一般奔流不息，此為聽聞所引發的迦毗羅邪見。其餘的邪見或附佛外道，乃至三藏教的知見、大乘門的知見發也是如此！

（二）諸見之發相

因為知見不同，所引發的禪定、神通亦不同，以下依外道、附佛外道、佛法中之習定者，所發的內容作說明：

外道──發一切智：迦毗羅外道從禪定中，引發對真理的見解，這種見解心勇猛，邪慧又很特殊，無法摧破與調伏，此為迦毗羅所得的一切智法。六師外道及迦毗羅外道、附佛外道、學佛法成外道者，雖然同發一切智，或是見一切智、或無見一切智，如是等種種一切智，因為所執著的觀念不同，所以所見到的一切智也不同，但都自以為是，別人皆非。

發神通：若是直接引發神通，能蹈履水火，任運自在，容易被認為是聖賢，此為獲得神通法的情形。神通是因禪定而得，所獲得禪定層次也不同。外道是依根本的四禪八定而發神通，或初禪、二禪、三禪、四禪時發，同時，因為修觀理念的差異，所得的神通力用也不同。佛法中的附佛外道都是因根本禪（四禪八定）而發禪定，又，根本淨禪（六妙門、十六特勝、通明禪）所修深淺不同，所發的神通力用亦有優劣之別。

發韋陀：若是發韋陀見，善知世間文字，博覽群籍，一見即能理解，或讀三藏、大乘等經，一眼便能辨識內容，還將這些作為自己所知所得，並且把佛典、外典互相混淆濫用。今有許多還俗的人，畏懼服役，歸入外道法中，竊取佛法、老莊，形成混雜學說，迷惑初心，不知什麼是正什麼是邪，此為發得韋陀法，犢子部、方廣道人，雖然發法不同，也都是這種情形。

這其中，因所讀的經書不同，引發的韋陀見也不同。如外道所讀、所發的現象，都是一般三皇五帝之書，以孝治家，以忠治國，輔國利民的道理，但因所讀的部帙不同，詮釋也會不一樣，書讀得多，所知就廣，書讀得少，所知就狹隘，我慢自大的程度皆由於對文字所知不同而有差異。

不讀、不發三藏文字者，不知三界內名相，則所知見解狹隘，若發而讀的人，則所知見解深廣。不發不讀大乘法門者，不知三界外名相，則所知見解狹隘，若發而讀的人，則所知見解深廣。所以引發韋陀見因所讀經書多寡、發與不發而有所區別。

但佛法中的內外道、邪見，都具有明理的智慧、神通，如何辨別邪、正？如迦毗羅外道（數論派之祖）究其根本，皆從自認為沒有邪見（邪無[6]）所生起。

若執取「因中有果」這一句，就已是破一切法了，因此觀念利用神通令人信受因中有果的道理，而所引發不同的韋陀見也是為說明因中有果的主張，故，所行、所說、所見皆歸向因中有果，亦依此而動身口意，造無量罪，由此即可知是迦毗羅外道也，其餘外道的情形也是如此！

三、諸見之過失

說明諸見的過失，分為：（一）正明諸見的過失；（二）諸見境真偽的判別。

（一）正明諸見的過失：從外邪、內邪的角度談起

1.外邪

首先以中國古老文化《易經》、《老子》、《莊子》三玄來說明其缺失：

(1)《易經》是中國最古老的文獻之一，被儒家尊為五經之首，它是以一套符號系統來描述狀態的變易，表現中國古典文化的哲學和宇宙觀，其中心思想是以陰陽兩種元素的對立統一，去描述世間萬物的變化。古人用它來預測未來、決策國家大事、反映當前現象，上測天、下測地、中測人事。此約「有」的角度說明。

(2)老子主張「無為」，並非是一切不為的意思，而是要「去甚、去奢、去

泰」，任何一切人為的自作聰明，或貪、或瞋、或癡，均須去除。減少一切人為的一己私欲，且是順應自然而行。此約「無」的立場來說明。

(3)莊子的思想，一是無所依憑自由自在，一是反對人為順其自然。此約「有、無」的立場來說明。

以下簡略說明其失：

(1)「破因不破果」之失：如《莊子》所說：「貴賤、苦樂、是非、得失，皆順其自然。」從佛教而言，世間這些現象是眾生過去生中所招感的業報，莊子「自然」的主張，表示「不否定果報的存在」，但不能分辨明了造業的業因，即是「否定因的存在」。

(2)「破果不破因」之失：儒家的修身、齊家、治國、平天下的主張，若不實行應用，容易導致亡家滅族。此項主張，重視現世立德為「因」，但不說明這些行為所招感的後世「果」報，是為「破果不破因」。

(3)「亦有果亦無果」之失：重視現世的立德、衛身，不說招致的果報，即是「亦無果」；能使此立德、衛身之行為輪迴至後世，即是「亦有果」。

從以上所說的現象，可歸納為：行善、行惡、無記三種行相。

(1)行善：富貴不可強求，貧賤不可怨恨、逃避；生不足喜，死不畏懼，持此心念則居富貴而不會嬌慢，處貧窮不會憂悶；息滅貪、恚之心，安然自在而處事，此其所「得」也。而「得」有多種，或說：「常處於無欲，而觀其中之微妙。」如：滅除財富的貪染，丟棄將相功名，自守高志，此為棄欲界之欲望，攀上之殊勝即如獲得「初禪」之微妙。

眾生被諸苦所困擾，乃因貪欲所致，若能捨離貪欲，即能獲得涅槃。此項解脫三界的煩惱，獲得一切煩惱滅除、微妙之涅槃勝妙，若進一步於涅槃境界不執不取，達到一切法皆空，就更能獲得「大涅槃」之勝妙了。

一般人尚不能認知遠離欲界欲望境界，況初禪的微妙？更上一層的涅槃、大涅槃之修證就更無所了知。故息滅富貴、功名欲望，趨向自然的無為微妙，或去除貪、瞋、諂媚、不忠等，顯現仁義風範，都算是「隨自然而行善」！

(2)無記：又執著於自然的人，乃隨自己意志而行事。不行善亦不造惡，雖沒有任何取捨，而依無記之行業依然會受報，這是不容懷疑的。

(3)惡行：主張自然無為而造惡者。以為萬物皆是自然而有，放縱意念而造惡，這是以「無欲」的名義而縱欲，乃違犯殊妙之義。如莊周斥責孔子為「仁義賊」以行仁義，仁義雖可防止小人，卻不能抑止大盜借仁義而謀其國，即說「孔子負仁義而求自然」，不可得也。然而，莊周雖斥責孔子「揭仁義為惡」，但自己卻是「揭自然而為惡」也。

在印度外道邪見中，以空見最強，以下就「空見」論得失：

(1)破因不破果，破果不破因：不說過去因，名為「破因」；但猶存現在果，名「不破果」。豎立現在因故，名「不破因」；不說未來的果報，名為破果。

(2)因果俱破，不破一切法：過去因、現在果以及現在因、未來果，皆破。因為外道法中只有虛空無為，沒有擇滅無為、非擇滅無為[7]，故這兩項尚存，故名不破一切法。

(3)破因果及一切法：指不承認「虛空無為、擇滅無為、非擇滅無為」三種無為，故名破因果及一切法。

第三種外道見與佛法是相同的。若是斷除三界一切見愛，也是破三種無為，因滅除這三種無為而悟入三界外的真諦理故，所以佛法也破因果及三無為，又，基於大乘的立場，大乘也破小乘因果及三無為（破除我執、法執，程度不同故，而析法空與體法空的觀法也不同）。《大智度論》中說明，以小乘是析法空[8]、大乘是體法空[9]為區別。而這與外道的體法空、析法空有何分別？

外道是從邪因緣、無因緣的立場，體悟析法空、體法空乃至到達畢竟空，是透過分析，但沒有體悟什麼是自性空。而佛弟子知道諸法是緣起的性質，依「因」待「緣」而生起，「緣聚則生、緣去則滅」，對於諸法空的本質就此即能體證。

邪因緣所起空見之三失：若因邪因緣而生起的空見，也有善、惡、無記三種行相，而多造惡。若真正體悟真空的人，深知煩惱由愛所生，並已出離世間煩惱達於無漏，尚不作有漏的諸善，何況是有漏的三惡道？

(1)因空見生煩惱：生起空見的人，並非諍競財富、地位、果報，而是執著於「空」生起錯誤的見解。雖然所證境界與佛教的空法相同，但仍然對親友產生愛染，讚歎有破空（析法空），對不歡喜的人易生瞋心惱怒，見他人不知析法空者，輕慢如糞土一般，自以為獲得空心，不再循規蹈矩，放縱情欲，因破正見、威儀、淨命（清淨的生活），死皆當墮入三惡道中。像這樣，自行作奸造惡，又以此引導別人，跟他人一起造惡，喪失人倫如畜生一般，豈有天下人會容忍這種人？自己自稱無所罣礙，雖不敢忤逆尊貴王臣，但愛惜自身，對修習定慧是有障礙的。

(2)神通：若發這種錯誤的見解，邪見會越來越強烈，永遠都無法獲得禪定。若從禪定中得此邪見，皆會因此喪失禪定。若從邪見中獲得禪定，大多是鬼禪、鬼神通，能記人吉凶，又知道他人心念。

(3)韋陀：因群覽世間、出世間經書而自成邪見，令人信受。此人到處論破世間、出世間之善，如到處咬人的狗，世間沒有一法不被他論破的，如守家的狗令他人畏懼而吠，這種人純粹是自己造惡。

以上，是因邪因緣引發邪見的情況。

邪心緣化他：若是因邪因緣引發邪見，又去化導他人的情況，可分為：

(1)自作惡，勸人行善：自說已通達真理，造惡無妨，但別人才剛開始修，功行淺薄，所以必須先為善，故以善引導他人。

(2)自揚行善，勸人行惡：自稱是教化主，融和光明必須為善，一般是受教化的人，所以應該作惡。

(3)自勸俱惡：教化與被教化的人都具有實際的惡性之道。

(4)自勸俱善：教化與被教化的人都具有權巧方便之善道。

這四種「化他」情形，雖有不同，皆以惡為本，隨造業而沉淪，這樣的行徑哪裡會有道？因邪因緣所起的惡，如上所說，行善與無記的情形也是如此！

2. 內邪

(1)說明佛法內邪見的得失：在藏通別圓四教中，每一種教判的教義都是進入真理實相之道，只是層次不同而已，若是對所悟之理生起執著，便成為戲論，若是因為此執見而獲得禪定，兼通達經論義理，這種情況是自己執著自己所悟入的理，應該是屬善的性質，但既然與這種執見相應，也會引發善、惡、無記之缺失。若是行善的人，會因為事相而造業感發果報，執取於「有」所得而生貪愛、瞋恚，不是貢高我慢就是憂悲苦惱，因為執著於「有」而生煩惱不得解脫。若是行惡的人，執著「有」為對的、正確的，其餘皆是錯誤，因為有此邪見而無惡不作。自己具足這種邪見，教化別人時，也同樣令人共同墮入邪見網中，藏教是如此，通、別、圓教也是如此。

(2)用「修道品」對治：像這樣錯誤的見解，違背賢聖之道，又能生長種種的罪過。若不能認識違背聖道的原因，則會生起執著，以為這些見解是聖道。假設自己知道這樣的見解（執著）並非是聖道，即已消除邪見了，但若還是照著做，就只有自己埋沒自己了，用不著要了知有邪見與否，應用「修道品」來對治！以上，為略說諸見的過失內容。

（二）諸見境真偽的判別

已說明諸見的過失，以下敘述諸見境真偽的判別，分成就所起法並決、就所依法並決。

1.就所起法並決

就「諸見」所生起的罪過：

(1)從「法」的角度而言：外道、附佛外道乃至佛教中的藏通別圓四教，若執著於法而生起分別，與煩惱繫縛沒有兩樣。如《大智度論》載：「譬如人在囹圄，桎梏所拘，雖得蒙赦，而復為金鎖所繫。」

(2)從「起惑」的角度而言：外道、附佛外道乃至佛教中的藏通別圓四教之見，名稱雖具有解脫之義，但若生起煩惱，任何一法（體）皆是汙穢的。如春秋時，鄭國以璞玉為寶，以重賞求之，而周人以死鼠為玉璞，故名同體異。

(3)從外道的諸見，乃至藏通別圓四教之四見，雖同樣修習，但有成就、不能成就的分別。如《大智度論》所載：譬如牛乳、驢乳的顏色雖然相同，但牛乳攢則成酥，驢乳攢則成尿。佛法語及外道語，不殺、不盜、慈愍眾生、攝心、離欲、觀空，雖然相同，但外道的語言剛開始覺得還不錯，但窮盡其歸趣，確是虛誑的，一切外道皆執著我見的緣故。

(4)從外道四見，乃至藏通別圓四教之四見，有害、不害的區別。如迦羅（有害）、鎮頭（可食）二果相似，但應分別清楚，今借以譬喻內見、外見，二見名稱雖相同，但有害、不害的重要關係。如外見發時，撥無因果，歸於邪見的空無；若佛法的內見起，猶執大小經論所詮釋的內容而損害其善根。

又，外道之見可從七項來論破：

(1)神我斥：外道所說「神我」乃是被束縛的煩惱法，並非是得到自在的我。

(2)斥非諦：外道各執己見為「是」，其餘皆為妄語，互相說是、說非，這又與真理有何關係？

(3)斥有「苦、集」而無「道、滅」：自己聲稱所得是真正的真理，反而執著有相，希望由此獲得涅槃，不知所執確是沉淪生死之因果。

(4)斥非正路：自己說與真理相符合，但終成邪執。因於所愛之處生愛染，所瞋之處生瞋怒之心。

(5)斥非願行：雖生起慈悲，但邪愛之見傷害人，實是可悲！雖安於塗抹所割之處，但仍是生滅的強忍。如《大般涅槃經》所載：「若有一人以刀害佛，復有一人栴檀塗佛……」這樣的行為終無是處。

(6)斥三法：外道雖具有一切智，但還是對世間俗情的推度，雖獲得神通的十四種變化[10]，但還是屬於有漏法的變化而已。所讀的韋陀書籍也仍然是世間智慧的範疇，並非真正的陀羅尼力[11]，故非獲得聖者法界之流的功德。

(7)斥為邪道：雖斷除粗項下八地的煩惱[12]，但如蛆蟲般步伐緩慢。以為證「非想非非想處」即是涅槃，於非想非非想之壽盡，還是受業惑所牽，隨六道受報，生死輪轉，這豈能認為是真理之道？

2.就所依法並決

各種見解，都是依其所執之法而來。

(1)外道是有煩惱的人，所引發的也是有煩惱的法，又以有漏的心執著於法，所以，執著於法與執著的心都是諍競不淨的。甚至，所引發的各種見解，以為是證得涅槃，所依的法並非真實，所發的見解也是虛偽的。

(2)佛法內的三藏四門[13]是出世聖人所獲得的出世間法，「體相」是滅除煩惱的清淨地，如《妙勝定經》記載：「佛去世後一百年，十萬人出家，九萬人得道；二百年時，十萬人出家，一萬人得道。」故知，去佛世遠，人根轉鈍，得道的人也越來越少。當知以無著的心，不執著於法，發心純正，覺悟無常，念念生滅的求道心切，志求出離為要，不染煩惱而起戲論，必能得道。

其次，通教之「有、空、亦有亦空、非有非空」四門：「體」是正法，但「相」通化城[14]。若與藏教義理相比較，藏教觀「無常、苦、空、無我」，但通教直觀「寂滅之空理」。若不執著於苦因、苦果，具「無著心」亦不執著於「無著法」，就不會生起邪見，別教與圓教的情形也是如此！

通別：若論藏通別圓四教引發禪定的因緣，皆因修習止觀而發禪定及諸見，但論各別的原因，有的因前世曾經修習，或曾在外道中學習，或為佛弟子曾學習大小乘法，或因聽聞法相而曾發各種見解，或因坐禪而引發諸見。由於隔一生就全廢忘，使解不現前，今修止觀靜心，或聽聞經論，熏習過去的善業，故使見解及禪定再生起。

難易：若是過去世曾經修習，今修止觀就容易發；若過去世不曾修習，今修止觀則難發。引發神通、善辨，皆是事相，隔生就容易忘記，所以今生難發；若是見解屬於智慧，較難忘記，所以容易發。如人久別相逢，容易記憶名字而忘記面貌一般，事理的難易也是如此！

邪正：若前世發心不正，與鬼交往，今生就會因鬼緣而發鬼禪、鬼見；若是發心純正，具有聖緣，今世則發真正禪定知見。

見境意：若事先不識知諸見過患，當生起見解時，心生恐怖，就會急於斷除而失去方便；若能識知邪相，只要不執著、不斷除，反能成為助緣，對修道大有幫助！

若發三藏教的拙四門之見，能依此善巧通達通教的四門之見，「見」雖然是障礙，但可為助道因緣。若是具足福德，升天就很容易，但要修道則難；見解是慧性，要沉淪、要悟道都很容易、迅速。故，藏通別圓四教雖有教義層次之別，但前三教的教觀卻能作為入圓教之階梯。

今生修道若引發禪定及見解，要證悟真理就指日可望；若見解及禪定未發，要遇聖境，恐怕不易！

四、如何於諸見境修止觀

（一）思議境

空見為十法界之生因，即是以空為因緣而生出十

法界，如經論云：「因等起心，而生起一切善惡，成就十法界」，說明四聖六凡的十法界是由於人心善惡的多寡所形成。

三惡界：由空造惡，即是三惡道。對上不見經典、佛菩薩，唯敬愛田財；對下不見眷屬親恩之德，唯不知羞恥、貪利無義、斷滅世間及出世間善等。犯五逆重罪即是地獄界，沒有慚愧心即是畜生界，慳貪不捨即是餓鬼界。

三善界：由空持戒、修苦行以莊嚴十善業，若身口意三業清淨，即是三善道界（阿修羅、人、天），又，修習禪定引發根本四禪，即是色界。

聲聞——苦諦：聲聞聖者是修四聖諦證道的羅漢。一般凡夫於執見上增長流轉，非但不知「道、滅」二諦，連「苦、集」二諦也不認識。若是證入法性，即是空、是淨（內無執著，外無所依），若是不知空見的虛妄而執取空，必然依此分別心招感色身而受報。五蘊具足、十二入、十八界即是苦諦。

集諦：集諦中，有五鈍使[15]、五利使[16]的煩惱，如是十使的煩惱皆是從空所生。此十使與三界、四聖諦配合，共八十八使。

1. 欲界：苦諦具十使，集諦具七使，滅諦具七使，道諦具八使，共三十二使。

2.色界：苦諦具九使，集諦具六使，滅諦具六使，道諦具七使，共二十八使。

3.無色界：苦諦具九使，集諦具六使，滅諦具六使，道諦具七使，共二十八使。

如左圖：

欲界（三十二使）	苦：十使（身見、邊見、邪見、見取見、戒禁取見、貪、瞋、癡、慢、疑） 集：七使（身、邊、戒禁取除外） 滅：七使（身、邊、戒禁取除外） 道：八使（身、邊除外）
色界、無色界（各二十八使）	苦：九使（貪除外） 集：六使（貪、身、邊、戒禁取除外） 滅：六使（貪、身、邊、戒禁取除外） 道：七使（貪、身、邊除外）

道諦：若能認識空見，就知道苦、集皆是依止色身而有，一切的色法稱為「身」。色身是汙穢、不淨的，為智者所厭惡，破除凡夫認為色身是清淨的顛倒想，

名身念處。

若順著空意，即是樂受；若違背空意，即是苦受；不違不順即是不苦不樂受。有此三受，即是三苦，計苦為樂，是名顛倒，若破除樂的顛倒，是名受念處。

空、塵對心而產生意識，此心生生滅滅，流動不住，有因緣就有心念，若沒有因緣則念不生。若以為心的生滅無常是常有的，即是顛倒，破除「常」的顛倒想，是名心念處。

若於空中取著，而行善惡，取著行中有我，行即是我，行有好惡、興廢，我也應該如此！諸行是無量，我也是無量的。執著「行中有我」的存在，即是顛倒，若知行中無我，則破除「想、行」的顛倒，是名法念處。

若精勤破除顛倒觀想，即見四正勤；定心中修，是名四如意足；五善根生，名為五根；破除五惑，名為五力；安穩道用，名七覺支；安穩道中行，是名八正道。

以上，是空見能生道諦的內容。

滅諦：破除常、樂、我、淨四顛倒，是愚癡滅；愚癡滅故，愛滅；愛滅故，瞋滅；瞋滅故，知空非道而慚愧，則是慢滅；不再有執著，則是疑滅。依此滅除五鈍使，故能進破五利使，十使煩惱既已破除，八十八使就不會生起，而入無餘涅槃，是為空見生滅諦。以上，即是聲聞法界。

緣覺界：緣覺乃思惟十二因緣的還滅而證悟的聖者。空見並非是真空義，若以為虛妄的空見是空，即是顛倒，此顛倒即是無明。因為無明，所以取著空見，若知道取著空見是無明，就不會生起執取而造業，沒有執取與造業就不會生起無明，沒有無明，則成智慧之明。所以，有智慧時就沒有煩惱，沒有煩惱時，則無明滅，無明滅則諸「行」（為）滅，乃至老死滅。

《中論》記載：聲聞如何觀十二緣義？乃說常、無常等六十二見。執著常、無常之見解，皆屬無明，若知是無明，就不會生起執取、占有，即是聲聞法中的十二因緣觀。《法華經》載：樂獨善寂，求自然慧，此智慧善寂，能滅除六十二見[17]。

觀剎那的心生起空見，即具足四諦，此空見的心是有、是無？若是有，即是有支，有從取生，取從愛生，愛因受生，受因觸生，觸由入生，入由名色，名色由識，識由往業（行），業由無明。

無明是過去的顛倒，執著「有、無」的一切見解，即成現在的色身，今再生起諸見，造就善惡諸行，此為未來名色（色身）之因。若能了知無明體性，空無自性，本不真實，因妄想因緣和合而有，既知顛倒，就沒有無明的煩惱了，既然沒有無明，就不會再有老死的輪迴，既然沒有空見無明、老、死，即能破除三界二十五有的煩惱，更進一步修斷習氣，是名空見生辟支佛界。

三藏菩薩界：菩薩識知四諦因緣，深知苦、集是病，道、滅是藥。知道藥方、病因，故能發起令眾生離苦得樂的大慈悲心，六度的行持也是如此！若執取空見而布施，乃是魔施，應當捨離此空見而行布施。若執取空見持戒，則與持雞狗等戒之外道相同。若執取空見強行修忍，是心中力量不足，因畏懼他人故忍，這樣的忍辱或行精進的方式容易墮入三惡道，所獲得的禪定也多是鬼通，依此空見所修的智慧則不出世間智慧的範疇。若能離此空見，則能成就六度波羅蜜，若機緣成熟，即坐道場，斷惑成佛，此為空見生六度法界。

通教二乘、菩薩界：觀執取空見即是無明，而無明法性即是空，故從無明所生的一切苦、集皆不可得。二乘人深知苦、集即是空，斷苦入滅。菩薩深知空，發慈悲願行而廣濟眾生，菩薩雖度眾生，如度虛空，實無眾生得滅度者，或是智慧度眾，或是斷惑成智，皆是菩薩的無生法忍（信受通達諸法實相），此為空見生通教法界。

別教菩薩界：觀此空見有無量相，如分別四諦之相，則不可窮盡，又深知執取空見即是無明生，無明又從法性生，觀此空見而認識實相，實相即是如來藏，而如來藏卻為客塵所覆，故修恆沙佛法，以顯出如來藏之清淨性，此為空見生別教界。

圓教菩薩界：若觀空見即是中道，其意義如前所說。

四教治見不同：雖然藏通別圓四教皆必須對治見惑，但應用的方便是不同的。三藏教行人以無常的智慧對治，通教行人以空的智慧對治，別教行人應用除見入空，再善巧出離假合之相，圓教行人雖不作意去除空見，但空見自除，行中道觀故。

此四教對治的方法即是四念處，只是巧妙各有不同而已！如釋尊入滅前的遺教：「令佛弟子依四念處而修道，能出火宅。」因為有「空見心」即是入三界，所謂「三界無別法，唯是一心作」，如《法華經．方便品》記載：羊車、鹿車、大白牛車，各出三界火宅。如《大集經》載：「三乘之人，同以無言說道，斷煩惱。」而別教菩薩修次第念處，圓教菩薩會三乘歸一佛乘，同乘大車，直至道場。

約此空見說明各種煩惱惑及對治方法與諸經論是不相違背的，如《華嚴經》載：

「彼三千大千世界等經卷在一微塵內，一切微塵亦復如是。」即是此意。

（二）不思議境

一念空見具足十法界，即是法性，法性更非遙遠之物，即是空見的心。《維摩詰經》云：「諸佛解脫，當於眾生心行中求，當於六十二見中求。」一空見心中五陰十界名為眾生，眾生的實相即是解脫，解脫的內容不出六十二見的範疇，故「心、眾生、解脫」三無差別。

一切眾生即是菩提，不可復得，即是圓淨解脫。五陰即是涅槃，不可復滅，即方便淨解脫。眾生如即佛如，是性淨解脫。三種一相，本來就沒有差異，不縱不橫，圓滿具足，皆於空見中求，是名為不思議境。

由空見入思議境、不思議境，了知佛性（法性、空見）本自具足，只是我及眾生被塵勞覆蓋清淨本性而不能自知，假使識知「我、佛一如」的法性，即能發起度化眾生的慈悲心（二發大心），令我及眾生俱破此空見，本性空寂，清淨如虛空，依此善巧安心（三善巧安心），又破一切所執（四破法遍）於諸見中，了知苦、集是塞，道、滅是通等諸法（五識通塞）。

又於空見不動，修三十七助道品，成就「空、無相、無作」之三三昧（六修道品），若菩薩不能入三昧者，應發大誓願，於諸見而不動，並行懺悔以助開證此空慧（七助道品）。菩薩於所證之階位清楚明白，不會濫稱獲得上境（八知次位），菩薩至此安住於法性之空寂中，不為內外塵所動壞（九能安忍），亦能隨順法性，不生法愛，沒有頂墮（不進不退）現象（十離法愛），至此，菩薩心心寂滅，流入薩婆若海（了知內外一切法相之智，乃佛智也），直至道場，成無上正等正覺。

《摩訶止觀》十境中的第八增上慢境、第九二乘境、第十菩薩境，智顗大師只列章目而無解釋，推測原因有二：

1.從歷史觀點而言：《摩訶止觀》是西元五九四年，在荊州玉泉寺結夏安居時所講，到第七正修諸見境時適以結夏安居結束而停課，故後三項尚未講完。

2.就修行境界而論：後者的諦義非一般修持所須要，此乃證道以後，自然而然會知道的境界，故不須提及。

《摩訶止觀》的組織十章：大意、釋名、體相、攝法、偏圓、方便、正修、果報、起報、旨歸。前七章是即俗而真，第八果報章即真而俗，第十章旨歸是非真非俗。觀為默，其餘八章為說，旨歸是非默非說。從第一章大意至第七章正觀為因，第八章果報為果，第十章旨歸是非因非果。又，從大意至果報為自行，起教為化他，旨歸是非自非他。前八章是廣，旨歸是非廣非略。

凡是止觀，皆以大乘圓頓為體，自行為宗，化他為用。《摩訶止觀》的十廣組織，其結構的廣大圓滿、教觀雙資的完備，令人驚歎不已！本文乃依《摩訶止觀輔行傳弘決》而消文、釋義，並作小幅度刪減，祈請方家指正！

【註】

1 阿毗曇：梵語Abhidharma的音譯，簡稱毗曇，全稱阿毗達磨，意譯為「對法」、「無比法」、「大法」，在佛典中列為論藏，論藏乃佛弟子對佛經的見解和注疏。在中國，「毗曇學」稱為「禪數學」，即禪學加上數學，數學即是用數字標示名詞，以便於分析和記憶，例如：四諦、五陰。禪數就是把「禪」與「數」結合起來，加以修習。

2 毗勒：書名，又作蜫勒，論藏名。小乘四門之一，譯曰「篋藏」。尊者迦旃延作，明「亦有亦空」之理。若入毗勒門，則論議無窮，其中有隨相門、對治門等種種諸門。龍樹菩薩舉例揭示「勒」的論究法，是隨相門、對治門。所謂隨相門，對某件事相，由其同類同相作廣泛的理解；所謂對治門，不僅對其隨相，連成為其反對的事相也要考究而理解它。

3 三賢：指修善根以制伏煩惱，使心調和之三種修行階位。可分小乘之總相念處、別相念處、五停心觀及大乘之十住、十行、十回向三位。

4 方便位：意指三賢位與四善根位（內凡位），合稱七方便位，乃入見道之準備修行階位。

5 藏教：此種根性人初聞經教，方了知一切法從因緣生、無常、無我，修析空觀。通教：了知一切法因緣生，當體即真空法性，猶如幻化，修體空觀。別教：深信生死涅槃兩邊之外，有「但中」佛性，修空、假、中次第三觀。圓教：聞解不思議理性，其了知一切法，理具事造，三諦相融，修一心三觀。

6 邪無：有二種意義，一為各派自以為是正理；二是綜合他家之理，合之亦為正理。正理則「無所謂邪」，但實際上，追述各派的源流及其目的均不同，又豈能沒有邪見？

7 三無為：無為法，謂真空寂滅之理，本無造作。(1)虛空無為，謂真空之理不為惑染之所障礙。(2)擇滅無為，謂聲聞人用智揀擇，遠離見思惑繫縛，證寂滅真空之理。(3)非擇滅無為，謂聲聞人證果之後，諸惑不復續起，自然契悟寂滅真空之理。

8 析法空：又稱分破空，在事事物物的觀察上，利用分析的方法理解事物是假合的無體空。

9 體法空：就當前諸法、種種事物，能體會其無自性空的本質，因而去除對其自性的執著。

10 十四變化：初禪至四禪間能變化心，計有十四種。

11 陀羅尼：意譯「總持、能持、能遮」，即能總攝憶持無量佛法而不忘失的念慧力。

12 下八地惑：欲界一地、色界四地、無色界三地。

13 三藏四門：三藏教的有門、空門、亦有亦空門、非有非空門。

14 化城：成佛之路，佛陀恐怕眾生畏懼艱難，故先說小乘涅槃，猶如化城，讓眾生中途暫時止息，進而求取真正佛果。

15 五鈍使：「貪、瞋、癡、慢、疑」五種煩惱，因來得慢、去除亦慢，故稱為鈍使。

16 五利使：「身見、邊見、邪見、見取見、戒禁取見」，乃不明白宇宙人生的真理，思想知見錯誤所產生的煩惱，因為來得快、斷得也快，故稱為利使。

17 六十二見：一般指古代印度外道所執之六十二種錯誤見解。

—參考資料—

李志夫《摩訶止觀之研究（上）》
佛光大辭典

【人間般若 022】

課堂上的摩訶止觀・參

作　　者　永 本
畫作提供　小魚（陳正隆）

總 編 輯　賴澄如
主　　編　田美玲
編　　輯　蔡惠琪
美術設計　不倒翁視覺創意・翁翁

出版・發行　香海文化事業有限公司
發 行 人　慈容法師
執 行 長　妙蘊法師

地　　址　241新北市三重區三和路三段117號6樓
　　　　　110臺北市信義區松隆路327號9樓
電　　話　(02)2971-6868
傳　　真　(02)2971-6577
香海悅讀網　www.gandha.com.tw
電子信箱　gandha@gandha.com.tw
劃撥帳號　19110467
戶　　名　香海文化事業有限公司

總 經 銷　時報文化出版企業股份有限公司
地　　址　333桃園縣龜山鄉萬壽路二段351號
電　　話　(02)2306-6842

法律顧問　舒建中・毛英富
登 記 證　局版北市業字第1107號

定　　價　新臺幣320元
出　　版　2019年10月初版一刷
I S B N　978-986-97229-8-8
建議分類　天台宗｜佛教修持

國家圖書館出版品預行編目(CIP)資料

課堂上的摩訶止觀 / 永本作. -- 初版. -- 新北 : 香海文化, 2019.10
冊 ; 14.8×21公分
ISBN 978-986-97229-6-4 (第1冊 : 平裝). --
ISBN 978-986-97229-7-1 (第2冊 : 平裝). --
ISBN 978-986-97229-8-8 (第3冊 : 平裝). --
ISBN 978-986-97229-9-5 (全套 : 平裝)

1.天台宗 2.佛教修持

226.42　　108008659